# 目的なき人生を生きる

山内志朗



角川新書

# はじめに

「鉄人28号」「鉄腕アトム」「マグマ大使」「大魔神」「ウルトラマン」。高度成長期には、悪と戦う「正義の味方」がたくさんいた。子供達は、自分の姿とは似ても似つかないのに、いやだからこそ、巨大な存在、「鉄腕アトム」や「8《エイト》マン」のようなロボットや改造人間に、心の中で変身して、少しばかり強くなった自分を夢見ていた。

次の時代となると、物語の筋道は、味方と敵、善と悪といった勧善懲悪の構図をはみ出し始めていた。「ウルトラセブン」は既にそういった枠組みを先取りする回があったりして、子供心はしばしば揺れた。

「宇宙戦艦ヤマト」となると、明確に枠組みは変わり、悪を倒すというよりは、地球の危機を救う枠組みへと変わっていった。現代版「桃太郎」のごとき勧善懲悪の話は好まれなくなったようだ。そして、「仮面ライダー」のような変身ものは、生身の人間と超常人間の連続性を表していて、身近な英雄の姿を示していた。「ポケモン」や「妖怪ウォッチ」

となると、悪者退治、怪獣退治というモチーフは減っていく。もはや善と悪との戦いという構図ではない。

私自身はいつも虫や幽霊や怪物の側に立っていたから、正義の味方を少し遠くに感じ、異物感を持っていた。正義を声高に自慢げに語る者に憎悪を持っていた。

倫理学とは何か。善の味方をし、悪と戦うものと考える人もいるだろう。しかし、善と悪の二元論に立つこと自体が、世界を分かりやすくすると同時に、倫理的な倒錯にも落ち込ませる。

選択肢が二つある場合、どちらか一つは正解だと考えるのは、選択式テストを受けて、頭まで似たような構造になった者の発想だ。必ず正しい答えがあるはずだというのは、世界に対して倫理学的に命令を下すことだ。答えがあるはずだという発想そのものが危険性を持っている。二つに一つとか、必ず正しい解決法があるとか、神は乗り越えられない困難を課すことはないとか、そういった発想は、きわめて危険なものを孕《はら》んでいる。

それは敵を倒すための理屈であって、勝ちそうな者、勝った者の論理なのだ。強者の論理を正しいと思う倫理学は世界から戦いをなくすことはできはしない。「殺すなかれ」という格率の前で、例外規定として殺すことの正当性を語る倫理が常に求められてきた。戦争のみならず、死刑制度もそうだ。

敵と味方にわけ、両者の戦いの下に世界観を作るのが「政治的なもの」という思想類型だ。「政治的なもの」という見方は世界を単純に見ることができるから、誰でも熱狂するし、戦争や大災害といった危機的状況では、そのような見方が求められる。しかも、心と体に定着しやすく、「心の構え」として浸透して、「血の沸騰」を引き起こすことが容易な装置だ。二〇世紀の前半は、そういった「政治的なもの」が跋扈《ばっこ》した時期だった。

冷戦時代、鉄のカーテンの時代においては、敵との対立が基本的構図にあった。マルクス主義も「革命」を何らかの仕方で温存することで、「闘争」や「戦い」が基本的行動になっていた。悪を退治するような行為を、基礎的行為の理念型とする思想形態はいつもあったし、マンガもドラマも倫理学もその構図に拘束されていた。

「戦い」を基本的文法としていた時代が終わって、小康状態が続いたと思ったのも束《つか》の間、二一世紀は、同時多発テロに始まり、ＩＳのようなテロ組織や北朝鮮による、武力による政界情勢の流動化を狙うという、暗黒の時代として始まった。「敵を倒せ、殺せ！」という声と憎悪が高まりつつある。憎しみ、血が沸き立つほどの敵対心、その装置を弄《もてあそ》ぶ者は呪われるべき存在だ。

二〇世紀後半、戦いの恒常的発生による景気活性化の時代に戻ろう。不思議なのは、その頃「善」と「正義」が無条件に重なっていたことだ。戦いが起こった場合、どちらが善でどちらが悪なのかは決まってはいない。「聖戦」というのは、一方的に正しい方を決めた場合にのみ成り立つ。正義とは、戦いにおいてどちらか一方に加担するのではなく、両者に中立的な立場から善悪、勝敗を決するものだ。だからこそ、正義の女神は、依怙贔屓《えこひいき》することがないように目隠しをし、両者の立場を平等に測定するために天秤《てんびん》を手にしていたはずだ。

高度成長期には、「善」と「正義の味方」が無邪気に結び付けられ、それと同時に正義感の涵養《かんよう》が図られたのだろう。大事なのは、一般大衆を倫理の次元から切り離し、自由という倫理的決定の次元に侵入しないようにしておくことだ。「由《よ》らしむべし、知らしむべからず」という政策が高度成長期には用いられた。

現実社会は労働者が地方から都会にかき集められ、「神武《じんむ》景気」「岩戸景気」の名のもとに、経済成長が進み、都会と地方、裕福な者と貧しい者の格差が拡がっていった時代だった。そのころ、日米安保やベトナム戦争という状況の中で、学生運動が起こり、それを支える思想としてマルクス主義が流行《はや》った。その後、共産主義体制も姿を変え、自由主義経済を取り入れるようになり、いろいろな意味で思想地図が変化してしまった。

倫理学の構図を善と悪との二元にわけ、トロッコを右に切るか左に切るかのように、二つに一つ、どちらを選ぶのかと、緊張感を高めて人心を動かそうとする手法は、見世物のような状況を生み出す。もちろんそのようなやり方の方が、人びとの心を戦いへと導きやすい。戦いを防ぐのは、ためらいがちな、グズグズとした優柔不断さの方だ。決然たる即断は戦いの場面にこそ相応《ふさわ》しい。私は「銃後の倫理学」を語ろうとは思わない。


高度成長の時代、人々は、目指すべき目標を持っていた、いや少なくとも持っていると思い込んでいた。二〇世紀の末ごろから、単純な目的信仰は勢いを弱めつつあるように見える。大きな目的は、様々な不満や苦しみを大規模に回収し、一つ一つの情念に宿る個性を融解して、均質で平板で無記的かつ合理的な平面を作り出す。そこでは膨大な犠牲者の苦しみを考えなくてもよいことになる。

倫理学は勧善懲悪の構図に乗りやすい。「悪を討つ」ことが、子供達の理想であり、倫理学も「悪を討つ」ことを中心業務とするのであれば、分かりやすい思想の道筋が現れる。曲亭馬琴《きょくていばきん》の『南総里見八犬伝』に登場する八犬士は、仁義八行の玉、つまり仁・義・礼・

智・忠・信・孝・悌《てい》の文字が一つ一つに記された数珠《じゅず》の玉を分かち持っていた。それらがまとまるとき、大きな力が生まれ、敵を倒すというのだ。敵こそ悪の権化であるという図式である。だが、悪の契機を何ら帯びない空間などあるはずもない。

倫理学は社会の主流派を味方し、憲兵隊のように人間の倫理性を調べ、不道徳な人がいれば糾弾したり、街角や教室で説教したりして、人々が考えを改めるように熱弁をふるう学問ではない。だからこそ、武器や法律による攻撃は非難されても、「倫理」や「道徳」による攻撃は大義名分の御旗《みはた》のもとに許容されてきた。

もちろん、そのように正義の御旗を振りかざす、「熱血倫理学」や「善人養成倫理学」や「愛国倫理学」もあってもよい。私はそういった倫理学と戦い、殲滅《せんめつ》しようとは思わない。ただ、正義の名のもとに悪を殲滅しようとする発想そのものが私の憎むところだ。純粋な善の完全浸透を図ることは、悪魔が諸手《もろて》を挙げて喜ぶ発想だから。

私は倫理についての一元的理論を夢見る者を恐ろしく思う。倫理を一元化することは、正義の御旗のもとで人びとの心を容易に動かすからこそ危険なのだ。「悪を討つ」という名のもとに、これまでどれほど悪行がなされてきたことか。自己正当化の最も容易な、安普請の道筋が「悪を討つ」ことなのだ。人生を正義の味方や「悪を討つ」ことに捧《ささ》げたいと思うものは、滑り落ちやすい道を歩んでいることを知るべきだ。

倫理学というのは、一般には、上から目線の学問である。したがって、「倫理学を学んでいる」と胸を張って公言できる人は多くないような気がする。

そこで、倫理学科に来る学生達に訊《き》いてみた。君はなぜ倫理学を学びに来たのかと。「倫理的になりたいからだ」という。しかし、規則を守って、人望が厚く、人格温厚にして誠実で親切になれば「倫理的」にはなれる。会社の歯車になって勤勉に働き、家に帰れば、やさしいパパというところだ。そのために倫理学を学ぶ必要などない。実際に、倫理学を学んでいない倫理的な人も多いし、幸福になるのに倫理学を学ぶことは必要条件でもまったくない。

この本は、そういう意味で倫理的になるための本ではない。倫理的になるな！　という内容の本である。反倫理学の本である。

「倫理学」に人々が求めがちなのは、「立派できちんとした人物」になる方法だ。そこには落とし穴がある。落とし穴のあることを知った上で落とし穴に落ちるのは廉直な者だ。心より敬すべきだ。身を捨ててこそ浮かぶ瀬もあれ、ということもあるから。

ヒーローや英雄や天才になりたがる者はどういう人間か。そういう偉人は多くの人間を犠牲にしてしか成り立たないことを知らないのか。倫理学を学ぶとそういう人間になれるかどうかなど、分かりはしない。

目的を求める心は、「それは何のためだ、何の役に立つ?」と問わなければ、物事を始められない。しかし、人は生まれる前にその問いを立てたのか、死ぬ直前にその問いを立てるのか。

「倫理的」というのは「立派なあり方」だが、「倫理学」がそういう学問なのか、学問を頭で学んで立派な人になれるのか、疑問の余地がある。本で学んで倫理的になれるなら、犯罪を減らし、勤勉な人間からなる裕福で平和な人間社会をつくることは容易だろう。ところがまた、倫理学者がそういう「倫理的」な人々である保証はあまりない。ヘビースモーカーで大酒のみで大食いの人間の集まりであることはよく知られた事実かもしれない。だからこそ、カントは、倫理学者の例外なのだ。究極の倫理学のイデアだ。

反倫理学は破壊的である。そこで、破壊する巨大生物としてゴジラに登場してもらう。ニーチェもスピノザも、当時のスコラ哲学やアカデミズムを破壊する。その破壊ぶりは気持ちがよいほどだ。破壊するといっても、概念の破壊だから、巨大ビルディングをバリバリボキャボキャ壊すような迫力はないかもしれぬ。
予《あらかじ》めお断りしておく。倫理学的なゴジラは可能か、可能だとすればそれはいかにしてなのか。それがこの本の主題である。地味な話である。日常の中の細かい概念を詮索《せんさく》するから、ゴジラを思い起こしたければ、ミニゴジラ、手乗りゴジラが台所の隅でカチャカチャ暴れていると想像していただければよい。日常性の片隅＝偶有性という隅っこでの小さな破壊活動なのである。しかもそのゴジラはテキパキしているというより、グズグズゴジラだ。

本書は、「グズグズの手乗りゴジラによる倫理学」の本なのである。

# 目次

# 第一章　ゴジラのために

## 1. ゴジラの悪夢

なぜ日本人はこんなにゴジラが好きなのだろう。ゴジラ関係の本がたくさん出されている。フィクションとしての存在なのに、学問的に武装して、高尚な仕方で論じる文化人は多い。ゴジラが担っている、文化的なイメージがそこにはあるのだろう。戦後日本文化のシンボルとしての機能があるのだろう。

ゴジラの映画が作られたのは、一九五四年だ。私が生まれる年の三年前だった。小学生の頃テレビの放送で初めて見て、ゴジラの叫び声、伊福部昭《いふくべあきら》の怖い音楽とともに、ゴジラは心に消しがたい恐怖の跡を残してくれた。自分の隠れている家が怪獣に押しつぶされる悪夢が夢の定番となった。山内《やまうち》少年はゴジラに見つからないようにブルブル震えながら物陰に隠れていた。そんな夢を何度も何度も見た。

体で体験する自然と、想像力で思い浮かべるゴジラとの、心の中での並べ方が長い間分からなかった。ゴジラを怪獣と見ていて、文化的シンボルと考える知恵がまだなかった。

　大学生の頃は、ゴジラの代わりに革命を夢見ていた。若い頃はなぜあんなに攻撃衝動が強かったのだろう。性的欲望と攻撃衝動を結びつけると、いずれに対しても安易な正当化の道を開きそうだから語りにくいところはあるが、二〇歳《はたち》前後の頃は、革命を夢見たり、正義の兵士を夢見たり、自分自身の攻撃衝動を正しい目的に利用することを妄想したりしていた。

　二〇一六年にゴジラが再び映画になった。『シン・ゴジラ』（庵野《あんの》秀明《ひであき》総監督）に対しては、賛否両論の評価が出たようだ。私の関心は「原ゴジラ」にしか向かない。これまで様々なゴジラ映画が作られてきた。かわいいゴジラもいれば禍々《まがまが》しいゴジラもいる。いずれにしてもゴジラは大人気だ。

　ゴジラ本もたくさん出ていて、とても読み切れない。どうも、「ゴジラの解釈学（hermēneutica Godzilla）」とでもいうようなものがあるようで、「ゴジラとは何か」というゴジラの本質直観が様々に試みられているのだろうし、きっと「ゴジラ学会」もあるはずだ。

　現代のゴジラ論研究家の方々が注目するのは、「一九五四年のターン」ということらしい。ゴジラに込められたイデオロギー的メッセージを解読するのに夢中だ。ゴジラに供物として食べて頂きたいのだろう。ゴジラは警視庁と国会議事堂を破壊した後、皇居を踏み潰《つぶ》すことなく、くるりと方向転換した。川本三郎《かわもとさぶろう》、加藤典洋《かとうのりひろ》、赤坂憲雄《あかさかのりお》などのゴジラ文化人はそこに注目する。一般大衆が、ゴジラの義理堅い愛国主義的礼儀に反応してゴジラを楽しんでいたのかは、よく分からない。ゴジラと日本論、天皇制論が結びついているあたりは、ゴジラのイデオロギー的有効利用を図っているように見えて気持ちがよくない。

戦死した英霊が、天皇にご挨拶《あいさつ》に来たと捉《とら》えるのが、赤坂憲雄説である。川本三郎は「ゴジラは海で死んだ兵士たちへの鎮魂歌」と解釈し、この見解がゴジラ解釈学の端緒になったらしい。

加藤典洋は、ゴジラが海で死んだ兵士達の亡霊だと解釈する。影響力の大きい解釈なのだが、いかがなものか。黒い亡霊は日本人には似合わないし、ゴジラを亡霊として見ていた感じはあまりない。

ゴジラが何を意味するのか、製作者の意図に拘束されず、表象として流通する観点で考察するのはよい。加藤典洋は『さようなら、ゴジラたち』（岩波書店、二〇一〇年）で、表象メディア論を実践している。そこは評価したい。

表象メディア論に立つと、製作者の意図を超えて、昭和三〇年代から四〇年代の時代の流れを踏まえる必要がある。ゴジラは革命への期待、「黒い希望」ではなかったのか。疎外論とゴジラの関係を考察するのが私のブームである。

ゴジラは荒ぶる魂だ。荒ぶる魂を迎える儀礼とはいかにあるべきなのだろうか。「ゴジラ御輿《みこし》」や「ゴジラ鉾《ほこ》」を皆で引いて、お祭りする手もある。祭りは、静かな踊りの行列であろうと、坂道を駆けて福男になろうと、賑《にぎ》やかな掛け声の下に御輿を引こうと、笛太鼓お囃子《はやし》で踊り行列になろうと、そこに「神々の顕現」を見るのは、日本人の心性である。もしかすると、ゴジラも神の顕現であり、お祭りではないのか。

ゴジラよ、来たれ。ゴジラはなぜ呼び戻されたのか。庵野秀明の『新世紀エヴァンゲリオン』（テレビアニメは一九九五―九六年）、大友克洋《おおともかつひろ》の『ＡＫＩＲＡ』（劇場アニメは一九八八年、マンガは一九八二―九〇年）、宮崎駿《みやざきはやお》の『風の谷のナウシカ』（劇場アニメは一九八四年、マンガは一九八二―九四年）は、すべて徹底的に破壊された後の世界を舞台とし、その再生の物語を描いていた。モチーフが修験道と同じだ。整合的で一貫した理論など、安楽に上に位置する人々の物語だ。普通の人々は、破壊とその後の再生の物語を追いかけるしかない。

一九七〇年代以降のゴジラ達は、「戦争を知らないゴジラたち」のような気もする。ゴジラと大魔神がライバル関係に立つのが、一九六〇年代以降の『ゴジラ』だったと思う。鉄人28号もマグマ大使も荒ぶる神ではなかったが、大魔神は荒ぶる神の系譜を受け継ぎ、ゴジラ系巨大荒魂《あらたま》の正統な系譜に属している。

ゴジラは、恐ろしくも親愛なる先祖の霊と同じものではないのか。死者の魂を呼び戻して、お祭りするのが盆踊りであるならば、私にはゴジラの物語も盆踊りの一種に見えるのだ。ゴジラの黒さを、「戦争の死者たち」を体現する存在の標《しるし》と見る見方もある。

死者の魂というと、『東海道四谷怪談』で有名な「お岩さん」も江戸時代のゴジラだったのかもしれないと思う。ただ、現実の「お岩さん」は、祟《たた》る幽霊とは正反対の女性だったという伝承もある。

「お岩さん」をめぐる霊場巡りをしていると、祟る「お岩さん」よりも、伊右衛門《いえもん》のためにけなげに稼ぐ、可愛げな「お岩さん」のイメージしか浮かんでこない。何度お参りしても、清々《すがすが》しく晴れてばかりいるからなのだが。鶴屋南北《つるやなんぼく》が作り上げた、毒を飲ませられて髪の毛がぞっくり抜ける「お岩さん」はフィクションでしかないと感じる。ファンとしては残念だが、幽霊話も作り話にしか思えない。ただ、「お岩さん」のお墓の周りに供えられた卒塔婆《そとば》の数々には圧倒的に女性の名が多く、旦那《だんな》からのＤＶを呪う気配が少し漂うのは頼もしい。自分を「お岩さん」に準《なぞら》えているから。

妖怪《ようかい》もそうなのだが、「祀《まつ》ろわれぬもの」、つまり公共的世界における主流派以外の存在者は、成功できなかったもの、「徳」を身につけ卓越した地位を得られなかったものとして、裏街道や日陰や草むらに隠れることを求められる。マスコミがのさばるようになってその傾向が強くなった。呪われた存在者の破壊力を私は大事にしたい。

## 2．荒ぶる神々

ゴジラは様々な要素を取り込み、だからこそ様々な解釈を許容し、老若男女が楽しめ、しかも長い間ブームとして続いたのだと思う。一つのモチーフだけで出来上がっている表象は長く生き延びることはできない。

だから一通りの解釈を押しつけようとは思わないのだが、ゴジラを見ると、暴力性と攻撃性が顕著に見られるように思うのだ。大魔神の場合もそうだった。怒りのあまり、罪なき人々の家々も、怒れる神への供物であるかのごとく、破壊されてしまうのだ。ゴジラにしても大魔神にしても、「荒ぶる神」として人々は受けとめていたのではないか。あの大きさは、ゴジラの本質をなし、必然的であって、単に量的なものにとどまるのではなく、崇高さを備えるための巨大さだったように思う。

「荒ぶる神」という概念は私が大事にする概念だ。日本が古墳時代に統一される以前に駆動していたのは、そういう荒々しい神だったと思う。心の奥底を掘り返すと現れてくる概念かもしれない。

「神（カミ）」とは、日本では数多く存在しているものだった。本居宣長《もとおりのりなが》の説明が有名である。「迦微《カミ》とは、古《イニシヘ》の御《ミ》典等《フミドモ》に見えたる天地の諸《モロモロ》の神たちを始めて、其を祀れる社に坐す御霊をも申し、又人はさらにも云はず、鳥獣木草のたぐひ海山など、其余《ソノホカ》何にまれ、尋常ならずすぐれたる徳のありて、可畏《カシコ》き物を迦微《カミ》とは云なり」（本居宣長『古事記伝㈠』倉野憲司校訂、岩波文庫、一九四〇年）という一節に見られる。

宣長によれば、人間、自然、動植物など、何であっても異常な力を有し、畏敬《いけい》されているものはすべて「カミ」とされていたのである。

この場合、神は善なる存在とは限らない。『古事記』『日本書紀』にも「荒ぶる神」が登場し、そこでは、朝廷に帰順しない、各地域の神のこととされている。その際に注目されるのは次の二点である。一つには、荒ぶる神が敵対、憎悪の念を伴って描かれているのではないことである。荒ぶる神の代表的神格であるスサノオが、出雲《いずも》のヤマタノオロチを退治し得たのは、荒びの力によってであった。困惑をもたらす存在であっても、詛《のろ》われた存在として描かれてはいない。

もう一つは、「山河の荒ぶる神」という表現が何度か登場していることに示されるように、山河は「荒ぶる神」だったことだ。「荒ぶる神」は征伐されるだけの存在ではなかったのである。

「山河の荒ぶる神」は、そこに住む異能を有する人々を指す場合もあるだろうが、概して、洪水などの大きな災害をもたらす河、軽々しく立ち入ることが死を意味する山岳であったと考えてよいだろう。一言でいえば、日本人にとって、自然とは「荒ぶる神」であった。

その際、「荒ぶる」ということは、人間に災厄をもたらす暴力性の謂《いい》にとどまるものではない。「荒ぶる」ということは、制御されない力ということであって、それ自体で善悪を持ったものではなく、善悪に中立的である。

日常の世界に、荒ぶる神・力を決まった時節に儀礼を介して招来し、非日常的な空間の中でその力を取り入れ、神そのものは異界に送り返すことで、日常の世界で、その力を制御された形で利用するパターンがそこにはある。これが「祭り」である。荒ぶる神はそこでは循環しながら変様する神でもある。「荒ぶる」ものを「和《にぎ》ぶる」ものに変成させ、荒ぶるものの力を内在化する、という日本古来の宗教儀式の一例がそこにも読みとれる。

このようなモチーフは、実は枚挙に遑《いとま》がない。例えば、幸魂奇魂《さきみたまくしみたま》、つまり、五穀豊穣《ほうじょう》などの福をもたらしうるのは、荒ぶる自然から現れたもの＝荒魂であり、その荒魂から取り入れられた力が日常のなかで涸《か》れることなく、制御されて持続している状態が「ケ」であり、そのとき荒魂は和魂《にぎみたま》と化して、日常から去っていく。

神はすべてケガレから生じたというのが新谷尚紀《しんたにたかのり》（『神々の原像』吉川弘文館、二〇〇〇年）の見解だが、「荒ぶる神」の論点と重なるものであり、とても興味深い。

ケガレは一見すると、「ケ」（通説はないが「生産力」として捉える見方がある。ここでもそれを採用する）「カレ」＝「離《か》レ」た状態ということで、力に欠けた状態にも見えるが、そのように考えることは説得的ではない。むしろ、「ケガレ」は、日常性の開口部、特異点であり、非日常的なものが入り込む入口、尋常ならざる力、畏怖すべき力（これは「カミ」でもある）が流入してくる場であるとともに、その場を制御できない場合には、日常生活を支える力としての「ケ」が流れ出し、災厄と混乱がもたらされてしまう破れ穴でもある。

両義性としてのケガレを神に当てはめた場合、日本の神観念には、祟る面と守護する面という、二つの相対立する性格が一つに統合されていることも了解しやすくなる。かつての怨《うら》み・祟り・災厄の力が強ければ強いほど、逆に恵みを与え、幸運をもたらす霊験が増してくると考えられた。

「ハレ」とは「祓《はら》え」（＝悪霊を遠ざけたり、排除することではなく、逆に最初は招き寄せ、その後で善霊へと変成させることで、人間の側に幸いを残すようにする儀式）がなされ、神霊の力の循環する通路から障害が取り除かれた状態であり、日常性の開口部としてのケガレにおいて、人間の方に幸をもたらす一方向にのみ力を制御する儀礼である。したがって、制御されていないケガレをそこに持ち込むことは、「荒ぶる」力が現れて、災厄をもたらすことになる。

さて、荒ぶる自然が常に存在し、その荒ぶる自然との共生にこそ、伝統的な日本の生活があったわけだが、自然の「荒び」を消滅させようとすることで、人間の福祉を向上させようとする発想は、人間から総《すべ》ての悪を消滅させようとすることで、かえって大きな悪を引き起こしてしまうのかもしれない。

荒ぶる力はそれ自体では表象不可能であり、したがって目に見える依《よ》り代を必要とする。それがゴジラであり、大魔神である。表象可能なものにする形式と可能性と人間の側の認識能力、そういう認識不可能なものの認識論的構図が気になる。それが私にとっての「表象可能性」の問題なのだ。

倫理学は、善人で力のない好々爺《こうこうや》なのか、荒ぶる神なのか。利己心や攻撃性という、人間本性に宿る「荒ぶる神」を認識しようとしないのか、認識したうえで制御し、それを変成させる（「化する」）ことを目指すのか、その辺で分かれ道がありそうだ。本性は変わらないが、それを飼いならすしか道はないと私は思う。

## 3. 人間の暴力性

人間の基本的本性が利他心に溢《あふ》れるものだったら、人間世界は争いも少なくなって、もっと生きやすいはずなのに、とつくづく思う。しかし、現実には、国家や民族の間で憎悪まみれの殺し合いは起こるし、住宅でも隣同士で諍《いさか》いが起こるのは日常茶飯事である。利己心やエゴイズムや攻撃性を否定するのが、倫理学ということになっている。だが、人間本性が、敵対するものを倒すことによって生き延びることを含んでいるとすると見え方は異なってくる。だからこそ、人間の本性についての性善説とか性悪説とかいう整理を見ると、倫理学的猫じゃらしに見えてきて、不愉快になってしまう。

敵対するものへの攻撃を本質とする心のあり方が「政治的なもの」であり、そこに人間の本質はあり、人間を行動に駆り立てるのだ、という捉え方がある。政治学者カール・シユミットの主張だった。「幸せ」を求めるとなると、具体的にどう行動すればよいのか、段取りが見えてくるわけではない。ところが、敵を倒すためにどうすればよいのかとなると、人間は頭も行動も機敏になって、そのやり方はとたんに具体的に分かりやすくなる。「政治的なもの」を踏まえた行動指針の方がずっと分かりやすいのだ。

幸せになるのは苦手でも、いじめるのは得意で上手なのだ。

世の中ではアグレッシブな人間ほど行動的であり、他者との関係を築くことに長《た》けている。多くの人と知り合いである。人間好きとは、権力関係の顕示であり、知り合いが多いのは、権力の大きさを示すことになる。他者を破壊し、食糧として食べてしまおうとする攻撃性は、人間のように食糧を確保する技術を豊富に持った生き物はあまり発揮しなくてもよい。養殖漁業でも農業でも飲食店でも、破壊性としての攻撃性は必要ではない。

他者を巻き込むための攻撃性が、アグレッシブということだ。そして、その根っこにある攻撃性を忠実に残している文化的営為が「笑う」ということだ。集団の中で、一番大声で笑うのは、一番権力を持っている者である。つまらないダジャレでオヤジが笑うとき、権力者の笑いこそ一番大声であり、笑うことの強制を含んでいるのだ。これを見ると、笑いの権力論的構造がよく分かる。テレビのお笑い番組は、権力を学ぶための家庭内学習、宿題みたいなものだ。

人間の攻撃性と暴力性に対して、見て見ないふりをして、善意や隣人愛だけ語っていても、それは善意や悪意を搾取・濫用・収奪することで、自己の利益を増やし、自分だけ肥え太ろうとする人間本性を放し飼いにすることになる。「悪」もまた贈り物であり、その制御を目指すことこそ、求められる道なのだ。悪しか見ない倫理学が暴虐だとすれば、善しか見ない倫理学は脆弱《ぜいじゃく》に過ぎるのである。

敵への憎悪、同胞《はらから》であるはずの人々を敵として表に立たせ、思いつく限りの罵詈《ばり》雑言を浴びせ、相手の心を深く傷つけようとするのが、ヘイトスピーチだ。彼らは、ヘイトスピーチを拡散させることで、確かな利益を得ているのだろう。心で得をしている。ヘイトスピーチの徒は、むき出しの醜い心を大声で叫びながら、心に利益と儲《もう》けを得ているのだ。彼らは功績、名誉、手柄を得ていると思っているのだ。ヘイトスピーチを実行する人だけでなく、そうすることが手柄となるような思想的土壌の存在が問題なのだろう。

身近な仲間の中に血祭りに上げるべき犠牲を見つけて、それへの攻撃によって快哉《かいさい》を叫ぶのは、興奮を求める心性の現れなのだ。退屈なときに、無意味さと空しさに襲われるときに、それを埋め合わせる激しい感覚が求められる。陶酔と刺激と興奮が現実から逃れられる、非合法の薬物の濫用による「天国」への入口なのだ。

しかし、非合法の薬物によらなくても、感覚の強度を昂進《こうしん》させようとする傾向は、破壊性の現れとしか思えない。激辛、濃厚味、大笑いブーム、ケイレンとしての笑い、絶叫系、ロックの大音響、ヘイトスピーチなどなど。これらの出来事の系列は感覚を麻痺《まひ》させることでの快楽を求めている。強度を売り物にするものばかり。滅亡しつつあったローマの市民は、パンと見世物に心を奪われていたという。現代と似ているように思う。

感覚の強度を求める傾向は様々に考えられるが、善悪の配置図を作り上げ、自分を善に位置するものとした上で、敵や悪を打ち倒すことにおいて、強度を増大させて、利益を簒《さん》奪《だつ》するのがヘイトスピーチなのだろう。悪意と憎悪をむき出しにする醜さは人間本性において自明のことと思っていたがそうでもないらしい。


ドラマやアニメを見ていると、極悪人というのは、国家や人類や地球を滅ぼそうとする破壊者として描かれている。全人類の中で一番自分を愛するという形で描かれる場合もある。童話の中の性悪な母親や継母《ままはは》にそれが投影されたりする。最大の極悪人とは、全人類を殺戮《さつりく》しようとする者なのだ。しかし、そんなことを考える人間はいるのかどうか、そもそものような感情のイメージは何を意味するのか。

若い頃には、全人類を破壊したいと思うような妄想、そう自分は思っているのではないかという妄想と罪悪感と自罰意識に苛《さいな》まれるときがある。それは多くの文学のテーマになってきた。激しい破壊衝動が、極端な激しさという強度においてではなく、対象の数において極限まで増加される形で、意識に投影されて、それが妄想として一人歩きしてしまう場合がある。

衝動の激しさは、古来、様々な魑魅魍魎《ちみもうりょう》や妖怪や悪魔として表象されてきた。そういった悪魔的な表象を悪魔狩り、魔女狩り、異端審問に利用してきたことは歴史が与えてくれる教訓だ。

カール・シュミットは「政治的なもの」という概念を提示した。この要点は、世界を味方と敵にわけ、世界の出来事の原因を、敵と味方との戦いと見る点である。その際に重要なのは、誰が味方で誰が敵かを定めるのは誰になるのかということである。敵が決まれば、敵は攻撃され、殺されるべき存在である。人間関係の基本は戦い、攻撃であり、その相手を決めるものこそ、主権者という存在であり、その主権者に政治的な権力が集中されることになる。この「政治的なもの」を、人間の行動の源泉と捉える思想が脈々とつながっている。

対人間関係において最も重要なのは、味方と敵への区分と、敵への攻撃性・憎しみなのである。愛や友情や隣人愛ではなく、攻撃性と憎悪と破壊衝動こそ人間本性の根源であると捉えるのである。

ここで、「政治的なもの」と権力とは結びつく。権力好きは、味方、つまり権力の及ぶ範囲を見分け、拡大し、さらに敵を攻撃し、打ち倒すことに全力を費やす。さらに敵を殺すことの美しさを、「徳」や武士道の中に温存してきた。攻撃性をなくせばつけ込まれるだけだが、攻撃性を肯定するのは野蛮だ。ではどうするか、それが難しい。

## 4. 平面人間

テレビドラマの「マグマ大使」に、悪の黒幕ゴアの命令で何にでも変身できる人間モドキというキャラクターが登場した。恐ろしくも憎たらしい存在であった。やっつけられるとコールタールのような黒い液体になって流れ去っていった。その言葉の響きが頭の中に残って、上京して、はじめて「ガンモドキ」を見たときに同じ響きを見つけて、心理的な反発を感じた。いつのまにか、がんもどきは好物になったが。

人間が人としての姿を保ち、特定の人柄をもって生きていく場合、芯《しん》や軸となるものの周りにその人らしさが付着して、形をなしているように思う。

だがその場合でも、人間は単一の行為規範の体系で行動しているのではない。行為規範のひとかたまりは「役割」と呼ばれている。そういった役割を遵守しようとする意識が「プライド」というものだ。プライドを失ってしまうと、人間は人間モドキのようにドロドロに溶けてしまって、人間としての形を失ってしまうのだ。

敵となる者がこちらの面目をつぶしてしまえば、自分の形は溶けてしまう。だから、自分がドロドロに溶けてしまわないように、迫ってくる「敵」に防御的攻撃を行う。それが「怒り」なのだろう。「敵」と表象される者は、自分たちを形なきものにしてしまう絶対悪の存在であり、そういう表象が不可能な敵に対して「恐怖」を抱くのだ。「怒り」と「恐怖」は兄弟なのだ。

先に恐怖が生まれ、その後で怒りが湧いてくる。あまりにも身近な存在の喪失には、恐怖を感じることよりも、直接怒りと憎しみが湧いてくるかもしれない。

人間の情念においては、愛や慈悲心や友愛といった優雅な情念もあるが、恐怖、怒り、憎しみ、妬《ねた》みといった他者破壊的な情念も多数を占めている。そして、これらの他者破壊的な情念をどう整理するのかも哲学的情念論の課題である。

プライドを傷つけられると、それがプライドという外郭的なものにとどまらず、内陣への侵入破壊がその次に来る公算が高いから、自分を守るために武装するしかない。恥をかかされて突発的に生死に関わる暴力をふるうのは、社会的な外聞と地位の絶対性を示している。だからこそ、傍《はた》から見ればどうでもよいことなのに、勢力圏を示すために大きく振る舞ってその圏域を侵す者には徹底的に攻撃する。駅の雑踏で肩がぶつかり合っただけで、線路に相手を突き落とそうとすることも起きる。

そして、武装すると、武器とは使わないために存在するのではなく、使うために存在しているから、使わないままではいられなくなり、使いたくなって攻撃してしまい、自分が攻められる事態を引き起こしてしまう。

自分以外の人間は皆バカに見えるためなのだろうか、人のなすことに片っ端から文句を言う人がいる。「小言幸兵衛《こうべえ》」という存在である。

善いところに目をやる心の習慣がなくて、そのうちに見つけることもできなくなり、悪いところを探して、文句を言うことしかできない人がいる。いつも小言だらけ、文句だらけである。善いところが見つけられないのだ。「あら探し」ばかりしている。人間についてもそうだ。自分自身についてもそうだ。

この人たちは悪いところを探して、それを改善することで、善いことをしたと思うのだ。そのために、自分に対しても他者に対しても、悪いところを探して、それを非難する、叱ることで、世界に善をもたらすことに貢献したと考えるのだ。ウツ予備軍である。「悪抜き」することが倫理学と捉えられているのだろう。文句を言うことだけが、この世の善の量を増やす唯一の行為、それこそが他人への愛情と思いやりとされているのだろう。

「あなたはいつも〜なんだから」と決めつける人がいる。「関西人は〜なんだ」と決めつける人も多い。決めつける人は目の前の事実を見ることなく、人から聞いた情報を信じて確かめもせず、決めつける。そういう人はきっと天気予報を信じて、土砂降りの日にも傘を差さない人なのだろう。「決めつけ型ネガティブ波攻撃」と呼びたい感じだ。

また、否定的決めつけ人間というのも存在する。悪いところを人よりも鋭く見抜いて、それを指摘して改善すれば、それこそ相手にとって善いことを施したことになると考える人だ。

先生タイプに多いのだが、欠点を指摘して、それをなくすことが指導なのだと考えている。虫歯を抜く歯医者さんのように、悪を抜くことが善を施すことだと信じている。「悪抜き」が善き施しと思うのだ。夢を与えることなんか甘やかすことでしかないと考えている。厳しく指導すれば指導するほど伸びると考えているのだ。精神主義だ。そして、自分で自分に厳しい訓練を課すのが苦手な人は、人から厳しい訓練を受けたほうがよいと思っている。

善とは存外険しくて難しい概念だ。善は人間モドキのようにいろいろな姿になることができる。人生においても、目的は、目的なき状態において求められ、その準備がなされなければならない。目的は常に臆病《おくびょう》であり、最後にしか姿を現さない。人生における恋愛も同じではないか。恋愛を愛することが恋愛に先立たなければ、人間という対象を、見出《みいだ》すことはできない。

対象を獲得するとは、欲望が充足する形式を準備し、対象が関数としての欲望の項に組み入れられ、関数が充足し、対象へと到達することが可能になることなのだ。求めるだけでは欲望ではなく、欲望が対象を見出し、構成し、欲望によって、作用としての欲望が遂行され、完成されて、欲望としては死んでいくときに欲望は完成する。欲望は対象に到達して完成し、死んでいく。

目的に到達した人は成功者で、目的に到達できなかった人は失敗者ということになる。律法を充《み》たした人が義人で、充たせない人が罪人という原則があった。しかし、その人が生きる社会階層や経済状況によって、律法を守ることなどとてもできない人々が多くいた。そういう大多数の人は、その当時の支配的宗教（ユダヤ教）においては、救済《ぐさい》の対象ではない、いや、ものの数に入っていなかったのである。

救うべき人とは、救済の考察の対象となる人であり、現世の社会において地位と権力のある人々だけなのだ。

宗教とは民族宗教であると同時に、エリートのための宗教だった。日本においても、仏教が入ってきたときはそうだった。衆生を救済する道筋よりも、学問化された仏教は戒律と修行と経典の習熟によってのみ完成されるものであった。救済の条件を満たしたものを救い、満たせないものは見捨てるという点では共通している。徴税人や娼婦《しょうふ》、幼くして死んだ者などなど、救済の外部に立つものを選別することで、救済の領域への導きを図るのは宗教として当然だ。

意味を獲得できる、できた者よりも、救われがたい人々を意味のない深い淵《ふち》の中から救うのが、普遍的宗教の本質である。

## 5. 飢えた心

食べても食べても脳が飢餓状態であれば、食べずにはいられない。満腹になれば空腹は収まるはずだが、嘔吐《おうと》すればお腹はすく。だから、何を食べても、食べ続けても、脳が常に飢餓状態であることは不思議なことではない。心はいつも空腹のままだ。なぜこんなに空腹のままなのだろう。〈もの〉がこんなに溢れているのに、なぜ飢餓状態のままなのだろう。それは病気ではないのか。

病気ではない場合もある。埋めることのできない根源的な欠如、それは「形而上学《けいじじょう》的欠如」だ。それを追い求めることを「形而上学的な欲望」と名付ける人もいる。そんな欲望を持てるのは一握りの変人だけかもしれない。ただ、哲学的探求においては、そういった欲望が様々に語られる。

飢餓状態は、充足させ、欠如を埋めてしまえば済むという問題ではない。話を戻そう。食べ物でもお金でも貯め込まないと不安で仕方がない。本当は愛情を貯め込みたい、でもそれが貯められないから別のものを貯め込もうとする。たとえば「おねえちゃんだからしっかりして」と励まされ続けて、しかも努力家であり続けて、心も脳も常に飢餓状態。だから食べずにはいられない。いつまでも食べ続けていたい。でも自分の胃にも内臓にも限度がある。限度をなくして、食べ続けるためには、吐けばよい。吐き続けられれば、食べ続けられる。そして、足りないものを体に取り入れることができる。

食べたところで、欠如が埋められるわけでもない。心が飢餓にあるのであって、肉体が飢餓にあるのではない。食べたいのは肉体ではない。

しかし、それ以外に埋めるべき材料がなければ食べることで埋めるしかない。代わりに、お金、名誉、知識、学力、功績、快楽に品物を交換することはできる。だが欠如は埋め合わせられない。欠如を埋めようとする欲望が消え去らない限り、欠如はなくならない。すると、死なない限り、欠如が埋められることはない。

あなたに褒められたい、「頑張ったな」と褒められて死にたい、というのは人間の性《さが》だ。手柄や名誉とは、そういった褒められることだ。親から褒められたいと努力する動機の形式が、大人になってからも働いている。親を地上の親ではなく、天上の親に変化させると倫理神学の基本が得られる。

生きることそのものが餓鬼道であると諦《あきら》めることもできる。だが、他者の欠如を埋めてあげようという道もある。ニーグレンは、自分の欠如を埋めようとする愛を「奪う愛(acquisitive love)」と呼んだ。自分の欠如を埋め合わせようとすれば、どこかから奪ってこなければならない。人間相互の愛であれば、他者から名誉や承認や賞賛や愛情を奪ってきて、独り占めしなければならない(ニーグレン『アガペーとエロース』岸千年・大内弘助訳、新教出版社、一九五四—六三年)。

奪う愛・奪いとる愛は、ライバルがいて、奪うという競争の中に放り出されるとさらに燃え上がる。愛の対象からも、ライバルからも、「愛」を奪うことができるから。そして、競争に勝利して対象を獲得した途端、飢え渇く状態に戻ることが「奪う愛」の本性である。奪う愛は、獲物を獲得したらそれを食べて捨て去り、次の獲物を目指すべく飢えと渇きのなかに突入していく。

狩りや戦いが男達の仕事であった時代においては、常に獲物を求める姿こそ、理想的な〈形〉とされた。今でも新しい顧客、商品、市場、予算を獲得し続けられる者こそ、奪いとるものこそ、ヒーローと考えられている。それらはすべて競争であり、勝ち組と負け組に分かれる。

哲学や倫理学は、勝ち組を褒めそやすための理論的枠組みを構築しようとして、そのために勝ち組が作り上げた政治体制や経済体制を正当化するために力を注いできた。結果として負け組の呪いを暗く悲しく歌うことを避けてきたのではないのか。藤圭子《ふじけいこ》とともに、怨歌《えんか》を歌う倫理学はないのか。

過去の暗闇ばかりでなく、未来の光を見よと人は言う。そうだ、過去ばかり見れば、愛を与えられなかった欠如の歴史しかないのかもしれない。未来に向かって、人が前向きに進んでいけるとすれば、未来に目的を設定し、「なぜあなたはそちらに進むのか」と問われて答えることができる。

しかし、人生の歩み方が、前を向いて進むのではなく、後ずさりするように、未来に背中を向けて進むことであるとするとどうなるのか。見えているのは過去だけである。見えていない未来の方に向かって進むしかない。過去を見ながら、上り坂を来たのであれば、これからも上りが続くのか、それともそろそろ平らになるのか、急に下り坂になるのか、予測しながら進むしかない。

過去がもし未来の鏡、おぼろげに映す鏡であるとすれば、そこに未来を読み取るしかない。未来は、おぼろげに謎めいた姿で鏡に映るものでしかない。鏡に映った姿を見つけられずに、当惑することも少なくない。

負け組の魂はどこに漂っているのだろう。怪談話で有名なお岩さんのお墓なのか、刑死した人々の霊が浮遊し続けてほしいと人が思っている鈴ケ森《すずがもり》や小塚原《こづかっぱら》なのか。いや、原子や分子として、イエスの体にあった原子や、釈迦《しゃか》の中にあった分子が、今も飛び交い、体に入り込み、血となり肉となっている感覚の方が、正しいリアリティ感覚ではないかという思いもある。それでも、霊の漂う場所を探して、いつも不在の発見に終わる。

即身仏（ミイラ）の子孫ではないのだが、映画『湯殿山麓《さんろく》呪い村』（池田敏春監督、一九八四年）の舞台となった地域に生まれ育った。霊的現象にはとんと縁がない。即身仏の調査に行って、何枚も写真に撮らせていただき、いろいろな霊場にも行ったが、即身仏をお参りに行くと「よくござったの」と歓迎してくれる感じを持てるのが関の山である。

この世界は死者の霊よりも、生きている者達の霊（生き霊）の方がたくさん漂っていると感じる。意味や目的を求めて、漂う生き霊は多い。

私は生きていても意味のない人間です、と感じる人も少なくはないという。生きることに意味はない、という回答を有名な社会学者から聞いて自殺した若者がいるという。意味のなさは絶望を生むだけなのか。意味や目的によって、途中の過程が充実したものとなるというのは、人間の行為の合理的再構成として分かりやすい。途中の過程は、無明の闇のうちにある。

意味のなさもまた「器」としてあることだとすれば、意味のなさこそ、意味を盛り込める条件となる。満ち足りることなく、飢え続けていることも、制御されている限りは「器」としての高貴さを備えている。

第二章

# 都会と倫理学

## 1．人混みに溺れる

地方の人が東京に来て驚くことの一つに、朝のラッシュがある。人の多さが尋常ではない。お祭りのときだってこんなに混雑はしていない。田舎に行くと、町中でも人通りがほとんどないことが多い。新幹線の停まる駅でも、平日にはホームに人はいない。

ところが、東京では終電になっても、電車はぎゅうぎゅう詰めだ。渋谷《しぶや》や新宿《しんじゅく》は朝から晩まで人だらけである。一年中お祭りのような人混みだ。それが都会だ。

朝のラッシュ時のプラットホーム、人々は他の人とぶつからないように、足を踏みつけられないように、黙々と足早に動く。後ろから突き落とすような人間が皆無と安心はできない。プラットホームや階段から突き落とされないように、身構える。転げ落ちて死んでも同情されることもなさそうだ。人々は口々に「電車が遅れるじゃないか」と怒る。それが都会だ。月曜日のラッシュ時に人身事故の車内放送が入ると、「月曜日の午前中に飛び込まないでよ！」と言い捨てられて皆がうなずく。それが都会だ。〈存在〉に溺《おぼ》れながら、人混みにも溺れてしまう。

時間に遅れないようにと、意識を高める。そこでは一人一人の思惑は雑音として消され、人間の流れに溶け込んでしまっている。人間はそこでは粒や原子のようなものではなく流れだ。だからこそ、統計的に確率的に人の動きを流れとして予想し、制御できるのだろう。

二八度以上の気温の場合、温度が一度上がるとビールの消費量が一％上がり、ビール大瓶換算で一〇〇〇万本消費が増えると言われている。二〇一五年の一年間のビール消費量は、四七億リットルで、東京はその七分の一だから、東京の一夜で約一四三万本分のビール消費量が増えるということらしい。ビール嫌いやワイン好きの人がいても全部無視されてしまう。流れも数値も一人一人の個別性は無視する。それが都会だ。

そこでは個性なんてない。人間でもなくて、方程式にすっぽり収まってしまう、波の一つになってしまう。テレビに出て、目立つような人間を目指すことは罰当たりなことだ。

西欧の近代的個人主義は個人を individual、つまり分解できないものとして捉えたと思想史には載っている。そういうことを私は大学に入って最初に教わった。日本では個人概念が根付いていない、アメリカや西欧では個人概念が明確で自分の意見をはっきり述べる、そんなことも習った。自分の意見を堂々と発言しなさい、とお説教された。

もう少し力の抜けた個人主義が都会にはある。人は人、自分は自分という個人主義が浸透している。田舎の村では男女で歩いているだけで「アベックだ」と村中の噂になる。都会に住んでいると、火星人だって気づかれないで暮らすことができる。

もちろんそれだけでは、立派な「個人主義」の考え方にはならない。個人、individual。つまり、分割できない社会の単位、この概念と共に西洋の民主主義の基礎が作られてきた。大学で、個人概念こそ民主主義の基礎だ、個人としての自覚を持て、と耳にタコができるくらい習った。

一九七〇年代以降、安保闘争、学生運動、ヒッピー、疎外、実存主義、構造主義、ポストモダン、いろいろなものが現代思想の川を流れていった。「ゆく河の流れは絶えずして、しかももとの水にあらず。よどみに浮かぶうたかたは、かつ消え、かつ結びて、久しくとどまりたるためしなし。世の中にある人とすみかと、またかくのごとし」。鴨長明《かものちょうめい》の『方丈記』。高校生の頃、『方丈記』を読んで、オジサンくさいと思っていた。

年をとって、現代哲学に疲れた頭で読み直すと、ところてんのようにスルリと入ってくる。人生も現代思想も哲学も、うたかた（泡）みたいなものか、河のほとりに佇《たたず》みながら、泡を見ているとそう思えてくる。

人生の夢はどう探すものなのか。引き出物のカタログや、レストランのメニューや、山のように積まれた募集要項や、婚活の人物データから、最良のものを探すように選ぶのだろうか。もしそのように選ばれるのであれば、功利主義が選ぶための手助けになりそうだ。功利主義とは比較考量して最大の効用を獲得することが善だという思想だ。計算で最善を選べることであれば、ＡＩ（人工知能）は得意そうだ。

人生の夢や目的はＡＩや機械に選んでもらう時代が来るのだろう。そうなったら、倫理学は要らなくなってしまう。必要なのは功利計算だけだ。これも進んでいくと、出生前に功利計算をして、人生の善の総量を計算し、生きるに値する人生だけを生きるべしとして、一定水準に到達しない人は出生時に安楽死を選べる時代がくるかもしれない。私の最大の望みは、そんな時代を自分の目で見ないうちに死んでしまいたいということだ。

しかし、人生の夢が、計算可能なものではなくて、人生にとっての「偶有性」だとしたらどうなのだろう。偶有性とは何か、それは「花」に当たる。植物は花を咲かせるために生きているのではない。花を咲かせることを通じて、生命を繋《つな》ぐ。人間にとっても、職業や仕事は「花」だ。

偶有性（accident）、ちょっと毛色の変わった概念だ。

偶有性とは、アクシデントのことだ。事故である。予想できないから事故だ。滅多にないこと、偶々《たまたま》起こること（ふと出くわすこと）、自《おの》ずと生じること、といったように偶有性が考えられる。人生は偶有性の集積と考えることもできる。しかし、人生が偶有性の集積だとすると、さいころを転がし続けるようなことが人生ということになり、目的は見失われる。いや確かにそうだ。人生に目的はない。ならば、偶有性とはそういう「でたらめ」のことなのか。偶有性とは薄っぺらいものなのか。

イスラムの哲学者アヴィセンナ（イブン・シーナー）は、存在は偶有性（偶然性）であると語った。本質に後から付け加わる「おまけ」みたいなものだとイスラムでも中世西洋でも理解されて、まともな考えとして扱われることはなかった。しかし、この偶有性は最初にあること、本質に先立って、本質を成立させる条件という特別な意味での「偶有性」であるとアヴィセンナは考えていた。

話を戻そう。人は「人生は何のためにあるのか」と問い、自己実現のためにあると考えたりする。一人の人間は自分独自の道筋を探し、生き延びなければならない。人生の目的が決まって、その後で自分の職業やキャリア、住む場所や家庭の姿が決まってくるとされる。人生設計をちゃんと考えていないと後で後悔することになる。しかし、人生設計ができて、それに沿って生きられるのは裕福で恵まれた環境に育った人だ。

無我夢中で自分に与えられた少ない選択肢の中から「ぎりぎり」のところで選んで生きていく人間には、人生設計も人生の目的も、都会の夜空の星より少ない。

だからこそ、都会の場末には怨歌《えんか》がよく似合う。

## 2．満員電車の神社

ここは朝のラッシュアワーのプラットホーム。満員電車のドアが開く。この人混みはいったい何だ。こういう事態に慣れ親しんではならないと自分を戒める。異常な事態だから。後ろからはアタッシュケースの角にお尻《しり》をつつかれ、前からは膨れ上がったバックパックに顔を殴られる。つり革をつかみ取ろうとする無数の肘《ひじ》によるエルボーパンチ。私は身も心もフラフラになる。

心は体をさまよい抜けて空想を始める。「わが身よりあくがれ出《い》づる魂」の登場である。人々がゾロゾロと降りてくる。そしてその入口の両端に人々が待ち構え、降りるのが終わると人々が列をなして乗り込んでいく。この光景はどこか別のところで見たことがある。そうだ、初詣《はつもうで》のときだ。人混みと押し合いへし合い、人間だらけだ。満員電車のドアが開いた様子は、大きな神社へと続く参道のようだ。

入口のところにはコマ犬がいる。じっと動かず、出る人にも入る人にもジャマになるように鎮座している。入口の両脇の手すりを握ったまま、絶対離さないぞとしがみついている。コマ犬の優先地域を狙う人は車内にも車外にも溢《あふ》れている。

ときには参道の真ん中に仁王様が立っている。流れに逆らい降りる人の流れをせき止め、今度は乗る人の流れもせき止めるのだから、仁王様としては勤勉である。しかも、電車の乗り降りを、通勤通学者のために修行の場にしているのだから、合掌してお参りすべきだ。

さらに楽しいことには、電車の中には哲学ファンがたくさんいるようだ。なにしろ、一度手にした物は手すりであろうと離さない人々をたくさん発見できるからだ。その一つに「スピノザのつり革」がある。

哲学者のスピノザの『エチカ』には、コナトゥスの説明として、「いかなる事物もそれ自体である限り、自らの存在を維持し続けようとする」（スピノザ『エチカ』第三部定理六）とある。『エチカ』の説明を読むと難しそうだが、要するに、つり革も一度手にしたら離したがらない、ということだ。これが「スピノザのつり革」である。その奪い合いを肘で頭を殴られないようによけながら、じっくり鑑賞しようではないか。

ともかくも人間的環境を逸脱したとしか思えない朝の満員電車も、霊場巡りの一種と考えれば、霊場巡りを趣味とする身には少しはその時間を楽しむ術《すべ》が見つかる。羽黒山《はぐろさん》の山伏修行で、小さな密室に閉じ込めて、火鉢に山盛りの鷹《たか》の爪（唐辛子）をくべ、煙で視界が五〇センチぐらいの状況を体験させる「南蛮燻《いぶ》し」という荒行がある。まともに吸い込んだら、五秒ももたないが、それを何とか五分ほど凌《しの》ぎきる修行である。満員電車も少し似ている。

私は神社やお寺が好きだ。見るとお参りしたくなる。「神の社《やしろ》」というあり方に不思議な関心を持ってしまうのだ。山神の社、いやむしろ祠《ほこら》と言った方がよいだろうが、そこにはたいてい小石しか入っていなかった。神社の神殿に収まっているのは鏡である。鏡が神様なのか、鏡が置かれていることの意味を学校では教えてくれなかったし、親も教えてくれなかった。

私が気になるのは、神の社、つまり神の住む家が神社だということだ。神様に家は要らないとばかり思っていた。森の中や自然の中に住む神様は、巨岩や三つ叉《また》の大木に鎮座しているか、空高く風のように飛び交っていると思っていた。

そのため、神様が住む家というのは、どんな住み方が相応《ふさわ》しい家なのだろう、とあれこれ悩んでいた。だから神社を見ると、神とは何かを考えることのないまま、神様が住む家なんだ、と不思議にも嬉《うれ》しい気持ちになる。

大きい神社もあれば小さな神社もある。多くの神社は威風堂々たる社を構えることはない。そういう社は、永井荷風《ながいかふう》が好んだ「淫祠《いんし》」の姿をとっている。「淫祠」という言葉の佇まいが私は好きだ。「淫祠」、二股《ふたまた》大根やら油揚げやら女性の髪の毛やら得体の知れないものが奉納されている、雨風に晒《さら》されて色褪《いろあ》せてしまった布地に囲われているものこそ「淫祠」の本質を体現している。淫祠の猥《みだ》りがわしさこそ、懐かしい。だからこそ、淫祠の周りをぐるぐると回りたくなってしまうのだ。

古代のキリスト教の発想にも、昔の日本人の発想にも、自分というのは、神の社であるという発想があるように思う。「社」とは、木や板で覆われているという建築学的な容器を指しているのではなく、何物かがそこに収まり、外部のものから隔離され、守られ、安らぐことのできる領域を指していたのだろう。注連縄《しめなわ》やら何やらによって締め切られ、外部と内部との差異が目に見えるように、物質によって表現されている場所が「社」ということなのだろう。

自分、〈私〉ということもまた、或《あ》る一般的なものの「社」なのだろう。

〈私〉という唯一独創的な存在者がここにあるということを出発点にしようという発想が、西欧近代において押しつけがましく始まった。我が身に立ち戻るとどうなのか。昨日まで元気でいた人が冷たい亡骸《なきがら》になったとき、どこにでもありふれて、なくなりそうにもない〈私〉達が、溶けて消えていくのを見るとき、「我思う、ゆえに我あり」という言葉も、はかない響きを放たずにはいられない。〈私〉ということの分からなさ。今ここにいて歩いている〈私〉は何ものかの社、乗り物、容器なのだろうか。

「社」である以上、豪勢で威風を払うような容器であることを人は求める。様々な動物が自分の体を大きく見せようと、羽を広げたり、頭の飾りを大きくしたりする。攻撃色で強調して、自分の力を誇示しようとする。自動車にしても、飛行機や戦車といった乗り物にしても、大きくて堅く強いものが求められる。〈私〉という器も、防御用の殻を付けているだけではなく、攻撃用の様々な装置の付いたものが都会では求められるのだろう。

朝方、品川《しながわ》駅のホームで、二人の女性が、「殴っただろ、謝れ」「何をいいがかりつける！」とつかみあいのけんかをしていた。これが、いや、こういうことのあふれている場所が都会だ。都会は孤独で暴力的だ。言葉で打倒し仕留める、狩人《かりうど》型言葉攻撃があった。言葉による「瞬殺」、それが都会の狩人達の目標だ。

夜遅く酔っ払いの二人がすれ違いざまにぶつかって、無言のまま殴り合い、二人とも線路に落ちてさあ大変、という光景も見たことがある。駅の雑踏を静かな羊の群れと見てはいけないことを何度も習った。

人間は一人一人が神社みたいなものだ。個人の尊厳という言い方があるが、これは軽んじれば祟りがあるということだ。

朝のラッシュの電車は、神様で満員の乗り合い電車ということなのだろう。「触らぬ神に祟りなし」という諺《ことわざ》がある。朝のラッシュに当てはまりそうだ。

満員電車は形而上学《けいじじょう》の教室だ。見よ！

## 3. 何も見えない

顕微鏡や望遠鏡は、肉眼では見えないものを見せてくれる。暗いだけの夜空が星々の光に満ちあふれていたり、何もいないはずの水たまりが小さな生き物の楽園であることを教えてくれる。しかし、顕微鏡で星を見ようとしても何も見えないし、望遠鏡でプランクトンを見つけようとしても、何も見えない。ぼんやりした灰色の光景が流れていくだけだ。

倍率を誤ると物事がまるで見えなくなってきてしまう。指示代名詞が細かく何を指すのか、決定的に大事な場合もあるが、著者が入試問題に使われることを嫌って、あえて曖昧《あいまい》に書く場合もある。

人生においても同じだ。目が利くがゆえに見誤る人は少なくない。部屋の隅の見えないところの埃《ほこり》が気になって、掃除をした人の全人格まで否定するような、倍率を誤って見てしまう人もいる。細かく見てしまうと全体が見えなくなってくるということは、あまりにもしばしば生じる。見ようとしないことこそ見ていることだ、ということは禅問答ではなく、どこにでもあるジイサンの知恵なのだ。

テキストを読む倍率、一つ一つの概念へのこだわり方と言い換えてもよいかもしれない。古い時代のテキストは、日本語での意味もさることながら、原語がどうなっているかを、また、原語での他の概念との相互関係などをじっくり押さえてから読み進めないと全く歯が立たない場合がある。

古代ギリシアのアリストテレスの哲学書にはそういうものが多い。難しいけれど、古典中の古典であるから、学問として哲学を学ぼうと思えば、アリストテレスを読まないわけにはいかない。そうしないで難しい哲学書を読むことは、受け身を覚えないまま柔道の大会に出るようなものだ。よく見かける。

倍率を間違うと、分かりやすい本が超絶に難解な本に見えてきたりする。また細部にこだわって、小さな誤りを見つけて鬼の首をとったように喜ぶ人も若いときには多いが、そういう喜びにはまるのは考えものだ。倍率を間違えやすい本の場合は、初めから倍率が指定してあったり、ルーぺか虫眼鏡がついている方が親切だろう。哲学書でも、そういうものが備わっている本が増えてきた。

哲学の早わかりの本が多く出されるようになったのである。哲学を学びたい人は案外多い。本屋さんに並ぶ哲学書コーナーの本の山と、そこに立ち並ぶ人々に、なぜこんなものを学びたいんですか、とインタビューをしたい気持ちを抑えながら哲学書コーナーに立ち往生することも多いが、ともかくも哲学に関心を持つ人は不思議にも少なくはない。「生きにくさ」を感じている人は哲学に手を伸ばすのだろう。

哲学と倫理学は素性から言えば、同じ根っこから出てきているし、ずっと哲学も倫理学もほとんど同じものとして学ばれてきた。あえて分けようとすれば、哲学の一部が倫理学ということになる。

哲学の方は、認識や存在論に関わり、真理を探究すると言うこともできるし、倫理学の方は人間の生き方や社会の構成に関わり、善を探求すると言うこともできる。社会の構成や家庭のあり方は、社会学や経済学や政治学で探求されるようになって、もともとは倫理学の一部であったが、そういった学問は独立していった。個人のあり方を考えることが倫理学に残され、人生論のようになってしまった。

哲学の教科書とは、哲学の基本事項がコンパクトにまとめられ、分かりやすく整理された本だ。カントは「哲学を学ぶことはできない、哲学することしか学べない」と言った。

これ一冊で分かる哲学の早わかりなんてあり得ない。そもそも哲学はそういったいろいろな概念を覚えて、哲学を分かったように語ることができるようになるための学問ではないからだ。それにまた教科書があるとしても、どれも似たり寄ったりの内容なのが気にくわない。哲学の常識なんてなくて、一つの時代でも実に様々な哲学の捉《とら》え方がある。中世でも近世でも現代になっても、いつも多種多様である。

入門は、古典から入る必要はない。クラシック音楽を聴き始めるときに、子供に対して、バッハやハイドンから始めさせる必要はない。そしてまた分かりやすいようにと、ベートーベンやら「白鳥の湖」やら聴き慣れたものをしつこく無理強いする必要はない。美術でもそうだ。ルネサンスにしても、ギリシア美術にしても、そこから始める必要はない。写実的なものが基礎や古典だと考える必要があるだろうか。

現代美術の方が分かりやすい、ピカソは難しい、というのは決まり文句の化石のように今でも語られるが、どうも写実的な方が分かりやすいという評価を強制しているようだ。ギリシア礼賛という西洋主義的な枠組みを、日本人も無理矢理真似る必要はない。

古典が良いものであるならば、浸透力があり、自ずと安定したハビトゥス（習慣的能力）として身につく。哲学でも同じだ。アリストテレスやデカルトやカントから始める必要はない。もちろん、現代思想から、ドゥルーズから始める必要もない。分かりやすいところから始める。その分かりやすいところが古典だ、というのは正しい道のりだが、それを例えばカントから始めるというのは奇妙だ。デカルトもまた、なぜそれが近世哲学の始まりになるのか、考えてみると、一九世紀的哲学史の案出だったような気もする。デカルトから始める必要はない。

細かい概念を理解し、使いこなせるハビトゥスも必要だが、それと同じかそれ以上に、全体をざっくり見る能力の方が大事だ。特に哲学においても、人生においても。細かいところでは賢いのに、全体においてはそうではないということがあまりに多すぎるから。

哲学は基本的に若者のためのものだ、としばしば感じる。中二病ともいわれるぐらいだから。人生とは何か。生き終えつつある人は、「生き終わる」とは何かを考えても、「生きる」とは何かをあまり考えない。

若者を卒業した人は、再び人生は何のためにあるのか、死は何のためにあるのか、そっちは考える。生を終えるとは何か。しかし、これが分からなければ実は生とは何かも分からないのかもしれない。死について書かれた本を全部読んでから死について書こうとも思ったのだが、そうすると、お墓に入ってから執筆を続けることになりそうで、それもなかなか辛《つら》い作業である。

いずれにしても、人間は言語や文化や文明社会をもつことで、自然的本性を二ひねり半ぐらい捩《ねじ》らせて人間性の道を歩む。その飼い慣らしにくさ・馴致《じゅんち》しにくさこそ、捩れた倫理学の必要性を示してくれると思う。

## 4. 自分自身とのケンカ

人生に目的はないというのはどういうことか。とんでもないことなのだろうか、当たり前のことなのだろうか。人生の意味とか人生は何のためにあるのか、という問いにおいて、人生には意味がない、人生に目的はないと考えると、「ニヒリズム、虚無主義」ということで無気力、アパシーになりそうだ。

アパシーは「無気力」とも訳されるが、本来は「アパテイア（無情念）」という立派な概念で、ストア哲学における人生の秘訣《ひけつ》とされる。人生に生じることはすべて善悪無記で、起こっても起こらなくてもどっちでもよいことで、心を煩わされることではない、とストアの哲人は説く。そういった「無情念（ア・パトス）」がアパテイアということだった。

自然と調和して生きる、というのが秘訣とされている。しかし、これは目的地を表しているのではない。道路標示で言えば、速度制限とか一車線か二車線とかいった、生き方の調整方法を表現している。そんなものは目的・目標ではない。

仕事でも日常の生き方でも、目的・目標がないと具体的な段取りが立てられない。どんな料理を作るのか決めないで料理の材料を買いに行っても、何を買ったらよいか決まらない。大安売りのものを買うとか、目に付いたものを買うとか、そういう行き当たりばったりのやり方もある。偶有性に左右されることになる。人間の出会いのように、不特定多数、予想のできない出会いを取り込み、安定した関係を作っていくためには、偶有性を排除するのではなく、偶有性を積極的に取り込み、意義を与える必要がある。知性による予測可能性を超えるのが出会いである。

人生ではどうか。人生の最後に来るのは、死ぬことである。しかし、死ぬことは目的でも目標でもない。習わなくても、人間は死ぬことができる。方法も知識も概念も不要である。だれでも、死ぬことについては名人であり、エキスパートである。なにしろ、生きることは死ぬことなのだから。

人生に目的などない。幸せになるために生きる。それはきっと正しいのだろう。しかし、幸せが何だか分からないし、それに辿《たど》り着く方法と道筋が明確ではない。

神のために生きる。本気で信じている人はとても少ない。問題なのは、生きている神に出会えるのは特別な人だけで、この世界のうちには見つけにくいということである。存在することと存在しないことが同義になる存在者こそ、神だから、そのために生きるのは正しいのだろうが、近づく道筋が分かりにくい。

家族のために生きる。これは分かりやすい。自分のために生きる。自己実現と同じなのだろうが、自分のしたいことをするために生きるということで、空虚な自己関係の形式である。途中で必ず空しくなる。

名誉と権力のために生きる。お好きにどうぞ。快楽のために生きる。他人に迷惑をかけないでください。絶望する。そういう人はお仲間ですので、一緒に考えましょう。

もし日本橋《にほんばし》に辿り着くことが人生の目標であれば、そこに人が殺到する。世界中から聖地への巡礼で人が集まるようになるだろう。しかし全員が巡礼で日本橋に集まってしまえば、大混乱が生じる。生命の危険が高まるばかりか、人類の経済活動など、すべての活動が中断してしまう。

一つしか目的がなければ、一人一人個性を持った個人が同じ仕方で小さな集団において受け入れられるわけはない。しかも一つしか目的がなければ、多くの個体をこの世に増殖させる必要はない。新しい個体が次々とこの世に現れ出てくるということは、そのことだけで、目的が一つしかないことを否定するし、目的がないということを論理的に含意している。

「目的がない」というのはどういうことか。目的が隠れたままで、見えてくることも、理解することもないということだ。走っているときに「走っていないこと」はない。しかし、「走っていないこと」はありふれたことだ。

人生において目的は分散し、迷い、見失う者が多くいなければならない。人生の答えはありそうだが、ないという形式でしか存在し得ないのである。多様性ということが唯一の答えなのである。

目的を実現すべく人生があるのではない。目的を設定すれば、行動に秩序と合理性が与えられる。例えば、目的なく人間が集まれば烏合《うごう》の衆であり、何をしたらよいか分からない。B級宴会という目的が設置されれば、B級宴会とは何であるかという探求が始まり、それを実現すべく、目的が設定され、段取りと方法が設定され、仕事の分担と、実現に向けてのロードマップができる。しかし、人生にはロードマップはない。これはとても大事なことだ。

目的がないとはどういうことなのか。目的は途中で自発的に現れてくる。目的がこのように生まれてくるものであるとすれば、目的を達成して、目的を失った索漠たる時間を持てあますことなくすごすこともできるようになる。自生的目的、つまり、自ずと生まれ、目的そのものが目的自身を育てるような目的しか人生の目的はない。

自生的なもの、言葉はこのような事態を表現するのが苦手だ。主語と述語、実体と作用という図式で考えたくなる。しかし世界の出来事の多くは、主語述語で表現するには馴染《なじ》まない事柄が多すぎる。

雨が降るとき、雨は主語や実体ではない。「雨が降る」というのは一つの事態だから、主語と述語に分けて表現することはおかしい。英語の It rains. もまた主語への強迫観念に拘束されている。

そういった主語述語もどきの文に違和感を感じないで済む人は幸いである。そういう言語に満足できるのであれば、「人生は幸せになるためにある」という人生論で生きればよいから。私は「幸せ」とは道路標識のようなものでしかないと思う。右側通行とか進入禁止とかそういった意味しか持っていない。お望みならば、交通信号機に喩《たと》えてもよい。埼玉県加須《かぞ》市に向かって自動車を運転するときに、信号機の通りに進むことが、目的実現になると考える人はいないはずだ。

〈私〉は〈私〉自身が大嫌いだ。大嫌いになって自分自身とケンカして、その後に仲直りする。仲直りした後の、自分が自分を見る目は苦く同時に甘い。片方の味しか感じられないとしたら、人生オンチなのだろう。

人間とは過つものだ。一生間違い続けている。それで人間としての価値や尊厳が減るわけではない。失敗して価値が減るのは、会社員として、教師として、町内会の役員として、夫として、つまりある特定の〈役割〉に関してであって人間としてではない。

自分自身と仲直りをするために、人は旅に出る。そういう旅に目的地は要らない。自分が目的地だから。

## 5. 人生の意味

働くことの意味であれば、目的や効用をあげればよい。何の役に立つのか、それを答えればよい。人生の場合、最後には死が待っている。死ぬために生きるということは、効用で考える人間の思考をはみ出すから、人生に意味を与える物語が求められることになる。

死後仏様になるため、つまり人生は仏道修行だというのも人生に意味を与える方法である。天国に迎えてもらうために、生きている間に神への愛を尽くすというのも、人生に意味を与えることである。死後を考えることで、人生に意味を与える道筋である。

人生の意味を考えるというのは、死んだらすべてが終わるという虚無への恐れ、目的が見えていないとがんばれないという憂鬱《ゆううつ》を免れるためなのだろう。目的に向かって努力するというハビトゥスを身につけた人は、努力のしがいを求める。

勤勉に働いて、高級な腕時計をはめられるような地位・身分にたどりついたことを褒めてあげるのである。「モノ語り」としての人生である。ブランド品で身を固める人は、そういった「モノ語り」的人生を求める。

人生に意味を与えるのは何なのだろう。一つの答えとして幸福がある。幸福とは出来事なのだろう。ところが、この「幸福」ということは出来事一般に見られる一般的な性質なのではない。例えば「東京遷都」という出来事をいくら分析しても「幸福」という性質は現れようもない。

横浜《よこはま》市中区《なか》への引っ越しという出来事についても、その行為者、帰結、心的状態、身体状態、天候、費用など、様々な構成要素を束にして、そこから「幸福」を抽出したり、構成しようとしても、たぶんできない。「幸福」とは、「評価」ということではないからだ。もちろん、「幸福」を人生の評価として考えた方が分かりやすい。「自分の人生は幸せだったな」と、自分で満足して過去を振り返るときに適用することに、何ら異議を唱えようとは思わない。

しかし、過去の出来事について良いとか悪いとかいうことが、奇妙というよりも、評価という行為と時間軸の関わりについて、違和感がぬぐえない。過去の出来事への評価は、責任の所在を明らかにし、賞罰を行うこと、つまり過去の出来事を処理するために用いられる。評価することで、過去の出来事は、葬られ、一事不再理ということで、蘇《よみがえ》ることはない。葬式とは、死者が二度とこの世に戻ってこないように封じ込める儀式だった。死者の呪いは恐ろしいから。

過去の出来事を評価することが、そのような葬礼の儀式の一部としてあって、そこに「幸福」という評価語を使いたいのであれば、それはそれで良いのだろうが、心がイライラする。「幸福」だというのは、棺桶《かんおけ》の蓋《ふた》を釘《くぎ》で打ち付けて、もはや開かないようにすることと似ているのだろうか。私は違うと思う。幸福とは、未来の出来事に向かって投影されることではないのか。未来に措定されてのみ、幸福は幸福たり得る。そんなものは「幸福」の使用に関する制限だ、というのであれば、その批判を甘んじて受けるしかない。

毎日普通に忙しく働いていると、そんなことを考える余裕もない。子供の入学金と授業料を工面しているときに、日常性の手前にある出来事を考えていたら、納付期限に間に合わなくなってしまう。若いときや、仕事を辞めたとき、夜どうしても眠れないとき、「人生とは何のためにあるのか」が気になる。

子供の頃、よい学校に入れという教師や親からの圧力の下では、「人生とは何のためにあるのか」思い至っても、よい生活をするため、などとぼんやり考えていたのだろう。そのうち、高校に入った頃から、名誉や金や幸福や家庭や快楽や、いろいろなものを具体化して目指せと後ろからせき立てられる。

利に聡《さと》く、頭の回転の速い人間は、医学部に入って医者になった場合、司法試験に合格して法曹家になった場合、などとコストとリスクなどを素速く考えて、途《みち》を決める。かたや、アーティストになるとか、テレビに出て有名になるとか、夢物語を語る人もいれば、「自分の夢なんか分からない、なりたいものになっていいよと言われても、なりたいものがない」という圧倒的多数の人びとも多い。ごく例外的な少数者として哲学を研究したいとか、神保町《じんぼうちょう》に通えるところに住みたいとか思う少年もいる。

幸福であることを人は求めても、幸福が何であるかを求めているわけではない。「何であるか」が分からなくて、そんなものを求められるわけはないだろう。何であるかも分からず、どうしたら手に入るかも分からず求め始める者は、愚か者だと言われる。

しかしながら、何であるか分からぬまま、心に浮かび、心を突き動かす衝動を、様々に言い習わしてきた。「先行的恩寵《おんちょう》」「先行的快楽」「そぞろ神」「あくがれる魂」。これらは対象が知られぬまま、わき起こり、充足されることを求める力なのだ。激しいものであれば「疾風怒濤《どとう》」と言ってもよい。

「幸福を目指しなさい、幸福になれよ」という励ましはどういう意味を持った言葉なのだろう。「歩くときは前へ歩け」「生きている限り存在しろ」「ものを見るときには目で見ろ」と同じではないのか。「生きる」とはいかなる関係においてなのか、ともかく幸福を含意している。幸福とは強度なのだ。光に様々な度合いがあり、いかなる闇にも幾分かの光は含まれているように。

人生に目的があったら、生きる必要などない。目的は過程を吸収し、無にしてしまう。目的合理性に染まった頭は「なぜ」という指標によってしか、やる気を持って動くことができなくなってしまう。「なぜ」なしに元気を出せることが大事。

目的を見つけること。朝何時に起きて、どこに行けばよいのか、何を食べて、昼間何をして、夜何時に寝ればよいのか、人によっては、気分次第で腹が減ったら食べ、眠くなったら寝る人間もいるが、なにをする「べき」なのか待っている人もいる。人生でも目指すべき「目的」を求める人は多い。聖書を読み切る、大蔵経を読破する、など目標は立てられる。しかし、実現できる人は少ないか、皆無か、願望の中に入らないか、どれかだ。

人生の意味とは何か、幸福とは何か、人生論の本がたくさんたくさん書かれてきたが、どれを読んでも答えなど書かれていない。これはとてもよいことだ。人生に目的があるとすれば、人類は滅んでしまうし、社会はたちどころに大混乱に陥ってしまう。例えば、もし人生の目的がカントの三批判書を読むことであるとした場合、飲食店も清掃者も発電所も農業もこの社会からなくなってしまう。

目的は無数に多様に分散しなければならないから、「無数にあるから決まらない」か「そもそもない」とするしかない。無数にあるとしてもよいのだが、自分のための目的があるとしても、それに出会う可能性は宝くじを当てるよりも難しい。

# 第三章　劣等感と城壁

## 1. 劣等感と世界のデフォルト

倫理学の起源、「根っこ」はどこにあるのか。それは人間の自然本性の中にあると考える人もいる。自然の中に倫理学の起源があるという考えは、倫理学が自然科学と同様の実証性へと結びつく可能性を示す。そして、自然が神によって作られたのであれば、自然に基礎を持つ倫理学はキリスト教倫理・倫理神学と相性のよいものとなる。

倫理学とは神から与えられたものなのか、自然からの贈り物なのか。これら両者の問いに対して否定的に答える場合、倫理学は恣《し》意的な人間の取り決めでしかないということになるのか。倫理とは、誤謬《ごびゅう》であるとか、取り決めであるとか、人為的なものであるとか、様々な見解がある。どれが正しいのか、ここで即座に決着をつけたいわけではない。

私は別のところに起源を探したい。人間の自然本性は壊れてしまった。それが倫理の起源だとおもう。汚れなき自然状態を倫理の起源と捉《とら》えるのか、壊れた自然本性を倫理の起源と捉えるのかで、問うべき倫理の姿はまったく変わってきてしまう。

人間の中の精神を苦しめる欠如の様態に、劣等感がある。劣等感を持たないで生きるのは難しい。どんな人にでも劣等感がある。それを補おうとして、人は努力する。劣等感の強さのゆえに性格が偏ってしまうこともある。それを補うために人生の全体がそれに捧《ささ》げられる場合もある。劣等感は、世界がどのようなものとしてあるのか、デフォルト（初期値）としてどのような値を持つのか決める重要な決定因子であると思う。

倫理学の基本的立場を大別する場合に、世界の倫理的状態のデフォルトをどのように設定するかという問題がある。どのように行動するのか、規則として同じであっても、世界のデフォルトの評価をどうするかで、倫理学の姿はまったく変わったものとなってしまう。

何が問題なのか。世界のデフォルトをどのように見るのか、が問われている。初期状態を、白紙の中立的な状態と見るのか、それとも負債と罪悪だらけの〈負〉の状態と見るのか、選ばれ祝福された〈正〉の状態と見るのかで、世界の相貌《そうぼう》は全く変わってくる。

キリスト教も仏教も、いずれも世界のデフォルトを〈負〉の状態に設定する。戒律を破ることで、人間の力では修復不可能な原罪の状態に陥った人間は、自由を失い、善を欲すること、選ぶこともできなくなってしまっている。

デフォルトが〈負〉に設定されるのは、世界が〈負〉のままであり続けることを語るためではない。キリスト教が原罪を想定し、アウグスティヌスがそれを強調するとき、それは上昇するビジョンを語るためだった。世界も人類のすべても〈負〉の状態にあって、修復も返済も償いも自力では不可能で、救済に値しない存在者であっても、それは無数に存在する存在者を無限大に引き上げるための条件であった。

初期状態で設定される〈負〉は、奈落《ならく》に突き落とすための〈負〉の価値ではなく、救済可能性の条件なのである。汚れも原罪も、〈負〉のデフォルトを設定しながらも、上昇可能性を指し示し、それを前提として、人間が倫理的存在としてあるための可能性の条件を切り開くものであった。

「倫理的であるかどうか」という事実の次元においてではなく、「倫理的に存在するための条件」を準備するという潜在性の条件こそ、アウグスティヌスを踏まえた中世キリスト教の基底なのである。

越後《えちご》に生まれた江戸後期の禅僧である良寛《りょうかん》もまた、人生の目的を見失った状態から道を求め始める。彼もまた目的なき人生を送った。歌人として自ら「大愚《たいぐ》」と名乗り、目的を追求する道からあえて逸脱する人生を送った。目的なき人生を生きるとは、懶惰《らんだ》に生きることを意味するのではない。懶惰、つまり怠けて無気力なまま何もしないことだ。人生に目的がないことは、懶《もの》うい ことだ。しかし、それは無為を意味するとは限らない。

良寛は子供達とのかくれんぼ、手鞠《てまり》つきに興じた、庶民的な著名僧だ。国上山《くがみやま》山中の五合庵《ごうあん》に独居して、自然を輩《やから》とし、里に出ては子供と遊び、農民とも酒を酌み交わした。「生涯身を立つるに懶く、騰々として天真に任す」と記す。「懶し」とは、字義上では、不精で怠けてばかり、他人任せのままものぐさな状態だ。「騰々」というところに良寛らしさが出ているように思う。「騰」とは馬が高く自由に跳ね上がる様だから、「騰々」とは勢いに乗ってということで、そういう抑えることもないまま、「天真」、つまり自然のままのあり方に任せた。

人生を生きあぐねて、その結果辿《たど》り着いた、騰々たる生き方。憧《あこが》れる人も多いのだが、良寛自身はとても苦しんでいたと思う。鳥のように自由に空を飛びたいと思うだろうし、魚のように自由に海を泳ぎ回りたいと思うのだろうが、きっと鳥や魚になったら、鳥や魚を自由に食べられる人間になってみたいと思うのだろう。生とは苦と同義語だから、どの生き物もつらいはずだ。

「そのままでいいがな」と表現する相田《あいだ》みつをと結びつける必要はないが、良寛の隣の棚に並べてもよいだろう。良寛にしろ相田みつをにしろ、人間の生き方への基本的信頼感(basic trust)が現れている。基本的信頼感、心理学で語られる人間関係の基底のことだ。これがなければ、人間と人間の間に何も築かれることはない。人間の間に橋も架けられないし、約束もできないし、外に出かけることもできない。

そして、その隣に、妙好人の本を置きたくなる。鈴木《すずき》大拙《だいせつ》『日本的霊性』(岩波文庫、一九七二年)に記された浄土真宗の宗教の達人たちである。妙好人才市《さいいち》になれば、「わしのこころは、あなたのこころ、あなたごころがわたしのこころ。わしになるのが、あなたのこころ。」「風と空気はふたつなれど、ひとつの空気、ひとつの風で。わしと阿弥陀《あみだ》はふたつあれど、ひとつお慈悲のなむあみだぶつ。」という境地においては、人生の目的などは考察するまでもない。

良寛もまた、越後の庄屋の家に生まれ、場違いな感じを持ったのだろう。「私はここにいていいんだろうか」という感じだ。居心地の悪さ、ものの数に入らない、いたたまれなさを感じると人間はいても立ってもいられなくなる。幼児の全能感を失わないまま、自分が世界の中心にいるという感覚を持つことも、多くは勘違いKY（空気読めない）の元だが、居場所がないという感覚もまたつらい。

良寛は劣等感の埋め合わせをしようとしたのではない。真実の姿を見つめ続け、それをそのまま呑《の》み込もうとする。欠如を欠如として受けとめようとする。風のようだ。

## 2. 権力がお好き

倫理学は大きく「勝ち組倫理学」と「負け組倫理学」に分かれる。少数派を打ち倒すのか、おこぼれだけを授けて黙らせるのか。西洋という勝ち組に追随しようとする哲学と倫理学は当然のことながら、勝ち組倫理学の導入に夢中になってきた。

最近アドラー心理学が流行《はや》っているという。負け組倫理学の立場に立った勝ち組倫理学の構築といった風情である。一言で言えば、「権力好きの恨み節」みたいな感じがして、あまり気持ちよくない。

権力関係で人間関係を説明することは分かりやすいが、権力関係の落差を前提として、それの解消や逆転を目指すことに、人間が人生のすべてを費やすとは思いたくもない。性欲だけですべてを説明しようとする汎性欲《はんせいよく》主義のフロイト――もちろんこれは誤解なのだが――と同じように、人間を単純化しようとすることは、「私には人間が分かっているんだ」というような自慢の響きがあるようで、不愉快になる。

大学に入って間もない頃、フロイトやユングが流行っていて、精神分析の本をよく読んだ。精神医学を勉強するか哲学を学ぶか迷っていたぐらいだから、フロイトやユングは愛読書だった。精神分析入門の本には、フロイトやユング以外にも、アドラーやライヒが載っていた。

ライヒの方は、マルクス主義と結びつき、性の革命という途方もないことを考えているから深入りしないようにしていた。アドラーの方は、ドイツ語で名前が「鷲《わし》」の意味だし、そういう名前の人が権力志向的な思想を展開しているのが興味深くて、概説書ぐらいには手を出したが、コンプレックスばかり強調する人だなあと思っていた。友達と話すときも、アドラーは関心が持てないね、などと話題にする程度の人だった。

ニーチェのニヒリズムにも興味を持って何冊か読んだ。晩年の代表的著作『権力への意」を読むと、ニヒリズムという虚無主義の雰囲気とは異なる、力への意志が強く謳われていて意外な感じがしたものだ。ともかくも、権力志向ということでは、ニーチェにおける多様な装いの下に語られるニヒリズムと、その大きな思想の中での権力志向には大きな関心を持ったが、アドラーについては、ニーチェを薄くしたような思想家というイメージを持っていた。

権力や政治というものが、人間精神の中で根源的なものであることを指摘した思想家は多い。ホッブズ、マキャヴェッリ、ニーチェ、カール・シュミット、レオ・シュトラウスなどなど。特にカール・シュミットは小著でありながら大きな本であり、影響力も強く中身の濃い『政治的なものの概念』を著し、味方と敵を峻別《しゅんべつ》し、敵と戦う攻撃性、味方を守る同胞愛こそ、人間の危機における激しい行動の源泉であると主張した。

戦いに勝ったり、集団を統率する力に秀でていたりすると、その者を英雄として古来賞賛してきた。テレビの番組、特に大河ドラマなどはその典型だ。そして、それが「徳」の基本形となった。そういった役割は、集団において、例外的な少数者にのみ与えられ、それを多くの者が持てば、「船頭多くして船山に登る」わけで、平常時は迷惑な人にすぎないこともある。

効用や快楽や幸福や利益を最大化することを基本とする功利主義が有力な見方として幅を利かせているが、戦争や自然災害などの危機的状況において、人間を突き動かすのは、快楽よりも、敵から襲われるかもしれない恐怖、そして恐怖を乗り越えるために奮い起こされる敵愾心《てきがいしん》、攻撃性、憎悪の方だ。平時における人間行動ばかりでなく、緊急時における人間行動を見据えるためには、功利主義も合理主義も十分ではない。

アドラーが現在よく読まれているのは、現在が平穏な時代ではないからだろう。一九世紀の世紀末において、西洋が没落しつつあるときに、ニヒリズムも精神分析も登場した。その世紀末の思想が、すべてではないとしても、そういった権力性の色彩を帯びていること、そして現代という日本の没落が生じようとしている時代において、やはり権力性への注目が目立つのは、とても重要な徴候であると思う。

フロイトが過去の体験で現在の精神状態を説明するのに対し、アドラーは目的や未来を考える。フロイトが過去への眼差《まなざ》しを重視し、アドラーが未来への眼差しを重視しているというのは、重要な対比になっている。性欲一元論にしろ権力欲一元論にしろ、人間をそんなに単純化してよいのか疑問ではあるが、人間を説明するためのモデルは単純である方がよい。単純なモデルの方が説明する力は強いのだから。

人間関係の基本は権力なのだろうか。心が傷つけられるというのは、自分が認められなかったときだ。親から認められなかったとき、友だちから認められなかったとき、先生から認められなかったとき。

劣等感とは傷つかないための城壁ではないのか。自分で傷つければ人から傷つけられることはない。一番イヤで痛いのは、人から傷つけられることだから。劣等感という城壁の中に閉じこもる限り、〈私〉という迷宮の中から出られない。

ちょっとした一言で傷つき、それが暴力や家庭崩壊を容易に引き起こす。権力の配置と状況を見るための計器の針の動きに、人は自分への全面攻撃の予兆を読み取ることができなければいけない。そのような、微妙だが大事件を暗示する変化を読み取れなければ生きてはいけない。

強い者の味方をする学問、多数派を擁護し、少数派を黙らせる理屈としては、多数決や功利主義は便利である。代官様になって弱者を無礼討ち、斬捨御免とするような倫理学は嫌いだ。

犠牲則、誰かが犠牲にならなければならない状況に気づきながら、合意形成のために犠牲者が表面化するのを避け、合意の維持を重視する。「これで皆さんのコンセンサスが得られたようでめでたいことです、お手を拝借。一本締めで」となる。少数者には泣いてもらうしかないな、という理屈である。

権力関係や敵味方関係を人間相互の最も基本的な関係と捉えるのが、「政治的人間」の特質である。そしてそういった味方を支える根源的なものを「政治的なもの」という。

敵対する権力関係の枠組みを受け入れてしまった上で、どちらの味方をしようと、大事ではないのかもしれない。負け組も勝って権力を握れば勝ち組に転じてしまう。プロレタリアも、革命を通じて権力と富を獲得するとブルジョアの席に座るという、役者が替わっただけだったという流れも歴史にはあった。

## 3. 鍋奉行指南

宴会に行って鍋《なべ》料理が出てくると、料理を仕切る人が出てくる。鍋奉行である。御奉行様だからたてつくわけにはいかない。余計な講釈を聞きながら、庶民は料理を畏《かしこ》まっていただくことになる。誰かが音頭をとらないと、煮込みすぎて、煮汁も減ってしょっぱくなったドロドロの残骸《ざんがい》の山を食べることになる。「鍋奉行よ来たれ」と期待するサイレントマジョリティの声を背景に鍋奉行は登場するのである。

宴会の一テーブルでの権力の行使はかわいいだけだから、大げさに考える必要はない。しかしながら、権力を笠に着るようなヤツは大嫌いだ。

小さな場面でも権力の行使に激しく反応する人がいる。権力関係は、力の落差を暗黙の内に確認した上で、それを皆が承認し、その上で行使されるという手順を踏む。テーブルでの鍋料理といえども、複雑な手順を踏む祭りと同じように、儀式化されていないとしても、席順をめぐる執拗《しつよう》な譲り合いにおける序列の確認に始まって、権力の委譲と承認の儀式が含まれている。

「威張るヤツが大嫌いなんだ」という人が、案外権力的であったりすることはよくある。権力好きは権力の小さな落差に過敏症的に反応し、ときとして暴力的にもなる。表向き権力嫌いの人、実は権力好きの人が、小さな権力の設定の場面でイライラするのは、権力の小さな落差であっても、そこを敏感に感じとり、自分の序列が正当に承認されているのかを気にするからである。一番である必要はないが、五番目であれ六番目であれ、その微妙な落差を読み取り、即座に序列決定がなされるのである。毎日毎日、権力関係の序列確認と権力者への賛美だけだ。

ＫＹと言われる人々は、席に座った瞬間に決定される序列を読み取らない。読み取らないことは許されるが、気にする人からは自己評価された序列を飛び越えて振る舞うことに怒りを抱かれる。「権力センサー」「権力序列発見器」が付いている人は、即座に場の配置を読み取るが、なかなかに小賢《こざか》しい。

無礼講における序列の流動化は、無礼講を認めるほどの器量の大きさの確認のためになされるのであって、無礼講を字義的に解釈するのでは、常識がないと言われることになる。宴会の席に着くためには、まず「宴会の解釈学」を学んでおく必要がある。いやはや宴会とはとても面倒くさい、象徴的儀礼なのである。

宴会は、権力を確認・拡大する場面であるから、宴会好きの人は権力好きの人であるということに必然的に帰着する。宴会やパーティーで披露される一番の目玉は、数々の料理、銘酒、お菓子ではなく、主催者の権力、いや権力の大きさなのである。料理のおいしさも権力を示す徴表としてあるのであって、豪勢な生け花も壮麗たる宴会場も、すべて主催者の「力」から現れていることを確認するために開かれている。

権力関係にこだわる人は、従って細部にもこだわることになる。細部に見られる権力の現象、人間相互の微妙な権力の落差を鋭く見分け、その総和として自分の権力を計量することができなければならないのである。細かく見られなければ、権力を寄せ集めて大きな権力に具体化することはできない。


威張る権力家は、持ち上げて周りが利益を得られる限りで持ち上げられるだけの存在だが、腰の低い権力好きの方が、権力の収集・拡大には向いているのだ。威張っていないようでも権力型の人間はいるのだ。

権力の好きな人は、自分の力を行使するのが好きなのだ。ただ、権力は政治的に相手を制御するという場面でばかり見出《みいだ》されるのではない。知識を網羅的に貯め込み、知識量を誇るというのは、アカデミズムでもよくあることだし、クイズマニアの世界でもよくあることだが、自分の知識の大きさを行使できる場面として、論文やクイズ番組で、その力を行使したがるのである。全国的な学力試験で自らの学力を誇る人も、また同じような「力の行使」を目指す点において、権力型人間なのである。

権力主義者とは、力の行使において喜びを見出す人なのだ。知識の量や分析力は名誉につながるし、名誉もまた、権勢の顕現として、権力と同じような、対人間的影響関係を有している。成績優秀者においては、宴会ではなく、校内試験が権力確立の場面になるから、どんちゃん騒ぎになりにくいところは少し見え方が異なる。

だから、権力を行使するというのは、上座に鎮座して、あごで人を使うことだけがその姿ではない。パーティー好きで、裏方に回りながらも、場面と時間に秩序を与えることで仕切りたい人も権力好きである。権力好きの本質は、他者から評価されること、褒められることや意識されることを何よりも求めることである。

権力好きの人は、人前で失敗することが大嫌いである。細部に及ぶ心遣いこそ、権力家が心を使うところだ。

盛り上げてよいことをしていると思う勘違いかもしれない。私は盛り下がっている宴会が好きだ。盛り上がる宴会を、たぶん日本人は昔から求めてきたのだろう。新入生に小ネタをやらせて皆で笑って盛り上がるのは新入生歓迎会の伝統的儀礼であるし、小さな盃《さかずき》で返杯を重ねることで早く泥酔者を作ることが宴会の使命で、そういう盛り上がりこそ、神の到来として喜んできた。

盛り上がることの起源的意味を考えないまま、「どんどん盛り上がりましょう！」「盛り上がってますか？」と煽《あお》り立てることが、年配者の役割であるかの如く振る舞う人も多い。西欧人に比べれば明らかにアルコールの強くない民族、アルコールに耐性のない人が多い民族でありながら、「酔っ払い天国」、いやアルハラが多いから「酔っ払い地獄」かもしれないが、そういう場所になったのは、盛り上がることを至上命令としてきた、多民族集合国家の宿命だったのだろう。

無理して酔っ払って、無理して盛り上がって、そこに神を呼び込まねばならないのだ。盛り上がるという儀式の名残《なごり》のせいで、酒嫌いが宴会で酒を強いられることが生じてしまう。酒を飲まないことが全体の雰囲気を損なうように感じることとは、それこそ共同の幻想なのだ。

だからと自分で納得しているのだが、「盛り上がらない宴会」が私は好きだ。権力のご披露宴や権力センサー機器点検とは無縁だから。

## 4. 布団の中の幽霊

眠れない時間はつらい。若い頃はいくらでも寝られたのに、年を取るとなぜこんなに寝るのに苦労するのか。寝るのに苦労すると、夜が近づくたびに、今日も眠らないといけないと思い、切迫感が眠りを遠ざけ、眠れなさのために悩みが始まってしまう。眠れない時間が、ただ眠れない時間であるならばよい。そういう時間は、自己への攻撃と、他者への呪いと恨みが沸き起こってしまう。布団に潜る頭の中では、歌舞伎の復讐《ふくしゅう》劇が幾幕も続けられ、終わることがない。眠れない時間が、呪いと恨みと幽霊を育てる。

人はその時、自分の体も、自分の心をも憎む。部下が思い通りに動かないときに人は怒る。自分の手足が思い通りに動かないときに怒る。自分の胃や頭が思い通りに動かないときにも怒る。

なぜ怒るのだろう。自分のものであり、自分の思い通りに動くと思っているからだ。自分の所有物は、自分の思い通りになると思っているからだ。しかし、自分の心も頭も自分の所有物なのか。妻や子供も自分の所有物だと思って、殴る人間がいる。自分の思い通りになると、いつのまに思ってしまうようになったのだろう。

なぜ人々は、幽霊を求めるのだろうか。死んだ後でも、名声や呪いや愛情を残したいと思うからではないのか。もし幽霊が存在すれば、自分の思いをこの世に残すことができるのだから。そして幽霊は人々が畏怖《いふ》するものであってほしい。そのためには、自分自身が幽霊を怖がらなければならない。幽霊を怖がることは、幽霊の存在意義を幽霊に付与することなのだ。

子供の頃、死んでも名前が残るのは素晴らしいことだと思っていた。ルネサンス期の人々は永遠の名声を求めたと知って、それは人間の当然の夢だと思っていた。どうも最近は年を取ったせいか、「どうせ私は生きていないし、どこかで生きていてもそんなことには関心はない。いずれにしても関心はない」と感じるようになった。満開の桜を造花にして残すようなことはしたくないと思うのだ。

もちろん、幽霊としてあることで、人々の記憶に残ろうとする人生観もあるのかもしれない。ただ、幽霊の可能性を信じるぐらいなら、天国や地獄の存在を信じた方がまだ合理的であると思われる。

人生に目的がなければ、幽霊としてこの世を祟《たた》り続ける怨念《おんねん》を強くは持ちにくい。目的なき人生は絶望や自分や社会への怒りや呪いに結びつかないのか。目的のない人間は、聖書に登場する徴税人や娼婦《しょうふ》や〈地の民〉のように、救われない存在なのだろうか。もし倫理学がそういう人たちへの思想でないとしたら、それは選民的倫理・エリート向け倫理を求めていることになるのではないのか。しかも倫理を研究する者は政治の中枢に加わることなく、周辺に留《とど》まりながら、中心部の人間を応援していてよいのか。いや、文献と概念の小部屋に留まり、社会と隔絶したまま生きることが、思想的引きこもりとしてのあり方を正当化してくれるのだろうか。

人はなぜ幽霊になろうとするのだろうか。生きては対抗できない人間に復讐する場合、いじめてきた相手を呪うために幽霊になろうとするものもいるだろう。幽霊とは、死して復讐するためのメディアなのだ。祟りの有効性のないところが残念なメディアだ。生きたまま物理的な仕方によってではなく復讐しようとするには、「生き霊」という現出の仕方はあるが、幽霊の方が復讐する力が強いように感じる。

『源氏物語』を読むと、生き霊の呪う力の大きさが顕著に表現されていて、現代人とは見方が違うものだと思う。幽霊の方が強い力があるというのは、怨念や呪う気持ちが、死に至る過程の中で増幅されるはずだと考えるからだろう。

現代では、生き霊も幽霊も復讐の手段としてはあまり有効なものとは考えられていない。丑《うし》の刻参りをして人が病気になったり、死んだりしたという話は、伝説としては流布しているかもしれないが、誰も事実と思うことはないし、報告もされない。空飛ぶ円盤、ネッシー、雪男と同等の話題性と虚構性のある出来事なのだ。

ここで注目したいのは、幽霊や生き霊になる者の話は、権力の上での落差を前提としている場合が多いということだ。敵討ちのように、復讐に大義名分が与えられる場合、権力において同等である場合、幽霊話にはならない。現実における拮抗《きっこう》関係は、幽霊とは馴染《なじ》まないのである。幽霊とは、弱い人たちのための神話、守り伝えられるべき神話なのだ。

復讐するかどうかは別としても、権力関係において落差がある場合、その落差をありのままに認め、承認するのではなく、否認する場合に、落差の隠蔽《いんぺい》や否定を目指す現象が現れる。

弱みを持っている人間は、弱みがあることを隠すために、強い態度に出たり、相手を強く批判して、人々の目が自分の弱いところにいかないように仕向ける。度を超して強い態度に出る人には、弱みがあると思え。

強い態度に出る人と戦うと、人々の目は戦いに行ってしまい、その人の弱さは隠れてしまう。戦わないで相手に勝たせたふりをすると、初めからあった弱みが浮かび上がってくる。弱みから目をそらせるのに効果的なのが戦いという作戦なのである。強い態度の人は、必ずしも、周囲の人間に承認されている権力を有しているとは限らない。

私の見るところ、眠りづらさは権力性と結びついているように思う。

日常性は偶有性だらけだ。偶有性は目的論の視点から見ると夾雑物《きょうざつぶつ》、ノイズとして切り捨てられる。人生に目的があれば、目的を実現するためにあれば、目的の実現に役立たないものは捨てられることになる。目的のなさとは、偶有性をすべて取り込み、海に収めるための器の大きさのことなのだ。

眠りとは偶有性の海だと私は思う。眠ることは海に還《かえ》っていくことだ。眠るとは意識を止めることではなく、海に還っていくことだ、私はそういうイメージをもって眠りに入っていく。

## 5．哲学語り

人生の意味は何か。人生は何のためにあるのか。人生に意味がないというのはどういうことか。意味がないというのは答えではなくて、出発点なのだ。私はいつもここから始める。意味のなさとは自由ということだ。生きてみよという誘いの言葉だ。目的があったら、目的への促成栽培をするために、途中まで育つと刈り取られてしまう。

意味がないのは、人生の大前提なのである。意味のなさとは、とても大事なものを守り育てるための容器のありかたなのだ。ワイングラスに〈形〉はあるが、すべてを受け入れる海に〈形〉がないように、意味のなさとは、「倫理学的な海」のあり方だ。

八世紀の神学者、ヨハネス・ダマスケヌスは神を「実体の無限な海」と語った。神とは言わないとしても、〈存在〉もまた海だ。ギリシア以来、哲学は〈存在〉を海として語ろうとしてきたと私は思う。意味のなさはすべてを取り込むための、容器の大きさのことなのだ。

意味のなさについて「なぜか？」を問う心は大事であり、捨てる必要はないが、答えがないからといって慌てる必要もない。人生の目的を英雄のように、歴史の中に名前を残す生き方に置くこともできる。

小さな意味を小器用に見つけてそれに夢中になるのはよいことだ。ちりとりにはたき込むように、人生の意味を一つの容器にまとめることができれば、人生の掃除係としてはよい仕事になる。様々な人生の目的が、ゴミ箱に収まらないまま捨てられているよりは、一まとめにして、燃やすなり捨てるなりできた方がよい。人生は効用のためにあるとか幸福のためにあるとか正義のためにあるとか。しかし、なぜこれほどまでに容器からこぼれ落ちる「人生の目的達」が多いのか。

駅前でギターを弾き語りする若者がいる。立ち止まって聴いてくれる人が多いわけでもない。鑑賞代としてチップを置いていってくれる人が多いわけでもない。ゆずや aiko のように、ストリートシンガーからメジャーデビューを果たした歌手もいることはいるだろうが、ほんの一握りの人だ。心の中でそういう夢を持っているだろうが、本気で持っているとも思えない。なにしろ、そんなにうまくない。

ニューヨークでもミュンヘンでも、世界の街角で、地下鉄の通路で歌ったり演奏したりしているミュージシャンは概してプロ級だ。実際にプロもいるのだろう。東京の駅前にいる路上ミュージシャンの場合、これはデビュー間近だなと思う人にはなかなか出会えない。

もちろん、そんなことは余計なお世話だ。歌っている間にうまくなるし、路上で歌うことが練習なのだ。そして、それと同時に誰かに聴いてもらいたくて、いや自分が何を歌いたいのか探すために、そしてそもそも自分が歌いたいのかを確認するために、若者はギターを弾き語りし続ける。

夢とはいかなる存在者なのか。夢よ、答えてみろ！　充足されることが欲望の完成することの条件なのか。そんな見方には、心の苦々しさしか感じられない。

ラップで語ったり、ギターを弾きながら自分を歌ったり、人々は自分を語りたがる。きっと自分自身に語るために、そして語るためには自分で自分を知らないといけないから、自分と仲直りして、自分の足で進めるようになるために、自分を語り歌う、たとえ、誰も聴いてくれなくても。哲学語りも哲学を語り続ける。哲学は学ぶというよりも、語られるためにある。だから「哲学カフェ」で人は哲学を語りたがる。

「哲学語り」とは「自分語り」だ。哲学書に書いてある哲学を語るために集まってくるのではない。哲学を通して自分を語るためだ。残念ながら哲学という扱いにくい道具で語るのは、毛糸の手袋をはめて本をめくろうとするようなものだ。

哲学書とは、自分を見るための鏡だ。だからこそ、百万言の言葉が連ねてあっても、自分の求めている文字のところしか読めはしない。哲学で金稼ぎをしようと思えば、どんなものでも読まなければならないけれど、哲学は本来金稼ぎではないから、読みたいように読めばよい。哲学で金稼ぎをすると、哲学から縁遠くなる。

人生は一億年生きたとしても短すぎる。長生きしたいからではない。したいことが多すぎるのだ。大蔵経を読破しようとすれば、何年かかるのか。西洋中世の命題集註解《ちゅうかい》をすべて読破するのは、何年かかるのか。そして、生物一つ一つのＤＮＡを読み解くとすれば、何億年かかるのか。神もまた一瞬で読めるのかどうか。

最近倫理学の中で徳倫理学というのが注目されている。徳・美徳（virtue）を重視する倫理学だから、なんだか古めかしそうだ。

昔、木口小平《きぐちこへい》（一八七二―一八九四）は死んでもラッパを離しませんでした、という話題が修身の教科書に載っていた。もちろん、私は戦後の生まれだから、修身を習ったことはない。彼は日清《にっしん》戦争に出征し、成歓《せいかん》における清国軍との戦いで被弾し、戦死。突撃ラッパを吹いている最中《さなか》に被弾し、絶命しながらもラッパを口から離さなかったとされる。その話題が「キグチコヘイハテキノタマニアタリマシタガ、シンデモラッパヲクチカラハナシマセンデシタ」と尋常小学修身書に載ることになる。同じことは哲学にも言える。死んでもカントの『純粋理性批判』を手放さないのが、善いカント研究者なのだ。

徳倫理学には、どうにも昔の修身の教科書のように、昔の日本の偉人伝が並びそうに思ってしまう。二宮尊徳《にのみやそんとく》、本居宣長《もとおりのりなが》、平忠盛《たいらのただもり》、楠木正成《くすのきまさしげ》などが登場人物だろうか。いや、西洋化して、ナイチンゲール、ベンジャミン・フランクリン、キューリー夫人、ヘレン・ケラーなどが載りそうだ。子供の頃、世界の偉人伝シリーズと日本の偉人伝シリーズがあって、ずいぶん読んだ。

徳倫理学はそういった美談を集める倫理学ではない。あまりうまい説明をした人はいない。なにしろ、ギリシアでは徳とは「正義」「節制」「勇気」「知慮」といった主要なものから細かいところではたくさんあるし、また中世にはいってキリスト教倫理学となると、信仰希望愛といった神学的徳が中心となり、しかもこのキリスト教的な徳がギリシア的な徳とかなり対立するから、当然のことながら「徳とは何か」を問うと、明確な定義を得にくくなってしまうということがある。

徳の定義がなんであるか分からなくても、或《あ》るものが徳かどうかはすぐに分かる。「正直・誠実（honesty）」や「寛大さ（generosity）」が何であるか定義を知らなくても、徳であることは誰でも分かる。「嘘つき」や「なまけ者」は徳ではない。

ここで私が書きたいのは、そういった徳倫理学をめぐる倫理学の歴史二五〇〇年を振返ってということではなく、徳倫理学が、徳を開花（flourishing）と深く結びつけて考えていることだ。じっくり考えるべき論点をたくさん含んでいる。

# 第四章 〈私〉という迷宮

# 1.〈私〉とは何か

〈私〉はどう仕上げればよいのか。そういう悩みは良家に生まれた秀才に課せられた苦労かもしれない。貧乏であればそんなことを悩む余裕はない。パスカルは人生とは何であったのかについて苦悩する。神なき人間はみじめだ。ギャンブルに興じ、毎日毎日暇をつぶし、楽しいように見えるが、実は楽しくない毎日を過ごし、死が来るのをいやいや待ち続けるだけでしかない。人生は何のためにあるのか。

勉強し続け、優等生であり続けた森鷗外《もりおうがい》は人生に悩む人であった。彼は人生をどう振り返っているのだろう。

生れてから今日まで、自分は何をしてゐるか。始終何物かに策《むち》うたれ駆られてゐるやうに学問といふことに齷齪《あくせく》してゐる。これは自分に或《あ》る働きが出来るやうに、自分を為上《しあ》げるのだと思つてゐる。其目的は幾分か達せられるかも知れない。併《しか》し自分のしてゐる事は、役者が舞台へ出て或る役を勤めてゐるに過ぎないやうに感ぜられる。その勤めてゐる役の背後《うしろ》に、別に何物かが存在してゐなくてはならないやうに感ぜられる。策うたれ駆られてばかりいる為めに、その何物かが醒覚《せいかく》する暇がないやうに感ぜられる。勉強する子供から、勉強する学校生徒、勉強する官吏、勉強する留学生といふのが、皆その役である。赤く黒く塗られてゐる顔をいつか洗つて、一寸《ちよつと》舞台から降りて、静かに自分といふものを考へて見たい、背後の何物かの面目を覗《のぞ》いて見たいと思ひ思ひしながら、舞台監督の鞭《むち》を背中に受けて、役から役を勤め続けてゐる。此《この》役が即《すなわ》ち生だとは考へられない。背後にある或る物が真の生ではあるまいかと思われる。併しその或る物は目を醒《さ》まさう醒まさうと思ひながら、又してはうとうととして眠つてしまふ。（森鷗外「妄想《もうぞう》」『鷗外全集　第八巻』岩波書店、一九七二年）

　鷗外は人生の目的を馬車馬になって追いかけるように、策うたれながら、突き進む。途中から策うたれることなく、自分で進めるようになっても、背後からの突き動かされる力によって進まずにはいられないのだという感覚を拭《ぬぐ》い去れない。女カネ名誉というように、オスの本性を成し遂げることに安住する人ではない。

人生とは何か、何のためにあるのか。それを求めて人生論を読む。哲学書を読む。そして答えは見つからない。答えをくださいと教えを請いながら、たいてい答えはない。答えのないことが親切な答えだということに気づかないまま、教えてくれない哲学者から憤然として若者は立ち去る。そういう光景が実際に何度あったかわからないが、心の中では人生論や哲学書を読んでそういう思いに囚《とら》われた人は多いだろう。

年をとってから、「若い頃にはいろいろ悩んで哲学書をよく読んだものだ」と昔語りする人も多いだろう。年をとっても青臭いまま哲学書を読み続ける哲学研究者（「哲学者」とは言わない、私にはそれが存在するのかどうか分からないから）とは、ジイサン少年か慢性中二病なのだろう。人生論とは無縁な冷たい論理的世界の中に卒業したくなどない。

人生の目的が分かったからといって、褒められるべきことでもないし、褒める必要もないことなのだが、もしどうしても求めたい、考えたい人がいたら、それに答えないことは赦《ゆる》されない。考えずにはいられないことを功利性や効率や有用性などによって規制することは言語道断である。

明治の時代に場面を移して考えよう。森鷗外は、明治時代という前進し続ける時代のなかで、時代に呼応するかのごとく、前進し続けるべく駆り立てられてきた自分の人生について、「此の役が即ち生だとは考えられない。背後にある或る物が真の生ではあるまいかと思われる」と語る。そこにあるのは「人生の存在感の希薄」（山崎正和《やまざきまさかず》『鷗外　闘う家長』新潮文庫、一九八〇年）ということもできる。予《あらかじ》め選択の余地もなく立てられていた目標、そこに進むしかなく、そして順調に歩みながらも、その当人は途方に暮れているのだ。よい高校、よい大学、よい会社、よい人生を獲得すべく、子供の頃から塾通いに駆り立てられる子供達も同じように生きている。

夏目漱石《なつめそうせき》は、人に駆り立てながら歩んできたということは強調しないとしても、彼もまた目的への進み方において似ている。漱石は、鷗外の「妄想」発表の前年の明治四三年（一九一〇年）、『門』において自分の人生を振り返るように次のように記している。

彼自身は長く門外に佇立《たたず》むべき運命をもつて生れて来たものらしかつた。夫《それ》は是非もなかつた。けれども、何《ど》うせ通れない門なら、わざ〳〵其所《そこ》迄辿《までたど》り付くのが矛盾であつた。彼は後を顧みた。さうして到底又元の路《みち》へ引き返す勇気を有《も》たなかつた。彼は前を眺めた。前には堅固な扉が何時《いつ》迄も展望を遮ぎつてゐた。彼は門を通る人ではなかつた。又門を通らないで済む人でもなかつた。要するに、彼は門の下に立ち竦《すく》んで、日の暮れるのを待つべき不幸な人であつた。（夏目漱石「門」『定本 漱石全集 第六巻』岩波書店、二〇一七年）

これは小説の中の一風景にとどまるものではない。漱石は、己の半生を顧みて、大正三年（一九一四年）に次のようにも述べている。

私は此世に生れた以上何かしなければならん、と云つて何をして好いか少しも見当が付かない。私は丁度霧の中に閉ぢ込められた孤独の人間のやうに立ち竦んでしまつたのです。さうして何処からか一筋の日光が射して来ないか知らんといふ希望よりも、此方から探照燈を用ひてたつた一条《ひとすじ》で好いから先迄明らかに見たいといふ気がしました。所が不幸にして何方の方角を眺めてもぼんやりしてゐるのです。ぼうつとしてゐるのです。恰《あたか》も嚢《ふくろ》の中に詰められて出る事の出来ない人のやうな気持がするのです。
（夏目漱石「私の個人主義」『漱石全集 第十六巻』岩波書店、一九九五年）

人生の目的を自己実現としてまとめられるときがある。しかし「真の自己」「人生の目的」などあるのだろうか。「男子の本懐」などと語られるのを見ると、私は身震いがするぐらいに不愉快になるのだが、国家の苦難を救うのが人生の目的であり、それを実現する候補者として自分を錯覚することがそこにある。

もちろん、政治に身を賭《と》する英雄が存在し、また必要であり、そこに命を投げ出す者が多数存在しなければ政治が沈滞していくのは事実だ。しかしそれもまた歴史の歯車が押し出すことがあって、その流れを認知し、自分で制御し、新たな流れを付け加えられる、本当に一握りの人にしか可能ではない。しかもそれは自分で気づくものではなく、名伯楽が見抜かなければならないという構図にある。

いかなる人間も自分に対して伯楽たり得ない。自分は自分の中にある暗闇にしか見出《みいだ》すことはできない。

## 2. 西田幾多郎

漱石と鷗外は、世間における身の処し方において違いはあった。公的な課題を与えられ、それを着実に遂行していく鷗外、そもそも初めから何をしたらよいか見当が付かない漱石。このような違いはありながら、自発的に方向を決定する、推進力を持つ内発的・個性的力が欠けている点では、両者は共通しているように思われる。

何かしなければならない、これははっきりしている。そして他人から与えられた目標もある。しかしながら、何をしたらよいか分からず、途方に暮れている。これが明治時代を代表する二人の知識人の姿だった。

哲学者であった西田幾多郎《にしだきたろう》の場合、漱石や鷗外と軌を一にするところもあるが、思索の道筋はずいぶんと違った様を呈する。西田は、「人生の問題」に対して、超人のように雄々しく立ち向かおうとするのではない。

余はどうも自己の霊性問題が始終気にかかりて未だ力を外に発するの勇気に乏し。深夜衣着の中に独り考ふるに、どうも学士博士達の学問騒も何だか小児らしく馬鹿らしく思はれ、普通の学問道徳以外に如何なる懐疑を以てするも打てども引けども動かざる精神上の事実なかるべからず。之なくば人生程つまらぬ者はなしと思ふ。（西田幾多郎、明治三四年頃七月十六日、山本良吉宛書簡『西田幾多郎全集　第十八巻』岩波書店、一九六六年）

西田は、「打てども引けども動かざる精神上の事実」を求めようとする。これはとても大事な点だ。「打てども引けども動かざる精神上の事実」というのは、未《いま》だ与えられていないからこそ、それを求めようとしている。それは、何をしたらよいか分からず、途方に暮れていたからだ。西田の精神的境位は、先に見た明治末期の日本の精神的境位と重なっている。

西田哲学の出発点は、「何事も心の進まぬ心地」「未だ力を外に発するの勇気に乏し」い状態にあったのであり、表現の様式は異なっても、鷗外・漱石の境位と重なっている。

こういった流れを「私哲学」と軽んじる流れもある。男子の本懐は一国の命運を支えるにあり、という気概なのだろう。そんな気概も、現実には大河ドラマを見て、オレがその時代に生まれていればこういう英雄になれたかもしれない、と妄想して夢見るのが関の山である。

この姿を和魂《わこん》と洋才の齟齬《そご》、公と私の対立ということもできようが、リアリティとアクチュアリティの乖離《かいり》と整理した方がよいかもしれない。リアリティは、木村敏《きむらびん》が述べるように、公共的な認識によって客観的に対象化され、ある共同体の共有規範としてその構成員の行動や判断に一定の拘束を与えるものだ。問題なのは、リアリティは、リアリティそのままでは流通しないということだ。リアリティは貨幣と同様に、個人において再認され、実感され、同化されねばならない。木村敏はそれを「アクチュアリティ」と述べる。個体化されたリアリティがアクチュアリティだと言ってもよいだろう。

「アクチュアリティ」とは、当人が真剣に、その存否を賭して対決しなければならない、のっぴきならない局面のことだ。

明治末期とは、リアリティとアクチュアリティの乖離していた時代であり、その乖離が不安を生み出していた時代であったと言えるかもしれない。もちろん、リアリティとアクチュアリティを摺《す》り合わせれば済む、という楽天主義は問題外で論じるまでもない。大事なのは、リアリティとアクチュアリティとの乖離が、アクチュアリティ、つまり何らかの個人性の発端であるということだ。個人・個体とは安定した実体というよりも、成立には不安を伴い、受精後間もない胚《はい》のように、不安定ではかないものなのだ。

個性が生まれ出ることは、生まれ出ること一般がそうであるように、自己実現の達成感などという、オメデタイ感情に包まれたものではなく、底のない不安感と無力感に覆われた、そして赤黒い暴力衝動・攻撃欲に満ちた時間を過ごすことだ。

西田幾多郎の「善の研究・思索と體驗」(『西田幾多郎全集　第一巻』岩波書店、一九六五年)の序文には、「個人あって経験あるにあらず、経験あって個人あるのである」の一節がある。倉田百三《くらたひやくぞう》がこの一節に感激したのも、ある意味では当然のことであろう。

倉田は「きょうも私は宅の裏座敷で発作的な寂寥と恐怖とに身ぶるいしてあおざめていく魂の姿をまざまざと見過ごすほかはありませんでした」という激しい手紙を西田に宛てている。倉田百三は西田と実際に出会って失望したのだが、熱狂は誤解に起因することも多い。

人生の目的を求めるというのは、日々の散文的に継続されるルーティンワークの永劫《えいごう》回帰のような生活の中に、空虚さを感じるからだろう。一方では、変化のない生活にこそ落ち着きを感じる者もいる。古来人間は、海の向こうに、渡る必然性がないにもかかわらず神の住む場所を求め、不老不死の薬を求め、金銀宝石に溢《あふ》れるエルドラドや理想郷を想定してきた。未知の世界への抑えがたい憧憬《しょうけい》が人類を世界中に住むようにしたとも言える。人生の目的は、繰り返される事実の中にあって、それは部屋に入るための鍵《かぎ》や、電車に乗るための Suica のごとく、あるのを確認して済むようなものではない。

リアリティのなさは、所在ない退屈さ、空虚さ、空っぽの自分ということにとどまってはいない。突然口を開け、襲いかかってくる深淵《しんえん》と感じる人もいるだろう。

そんなとき、感覚的な眩暈《めまい》を引き起こす刺激物、薬物に手を出す人もいる。虚無を埋め合わせるというよりも、空隙《くうげき》から吹き込んでくる激しい風雪を逃れるための移動装置を感覚的な領域に求めてしまうのだろう。感覚的世界を超越・超脱する手段を求めるのだ。

このような感覚的刺激・激しさこそが、リアリティの基本的形式なのだと考える人は多い。生々しいリアリティを求めずにいられないこと、これは「実感」を基準にする発想と重なってくる。生々しい実感が得られない場合、抽象的思考にその代償を求める人も出てくるが、リアリティはそのどちらかにしかないと考え、その一方を選択しようとする傾向は、政治学者の丸山真男《まるやままさお》が指摘したように、日本的思考の根に潜んでいるのかもしれない。

そうだとすると、刹那《せつな》的な激しい身体的刺激を求める狂騒と、真理の啓示にあふれた難解なテキストへの沈潜は、具体性と抽象性という両極端の対立と媒介しがたい距離があるように見えるが、両者は同じ根を持つものであって、親近性を有しているのだろう。だから、案外そこに一挙の飛躍が起こりうることになる。

丸山のよく知られた一節、「文学的実感は、この後者の狭い日常的感覚の世界においてか、さもなければ絶対的な自我が時空を超えて、瞬間的にきらめく真実の光を『自由』な直観で摑むときにだけ満足される。その中間に介在する『社会』という世界は本来あいまいで、どうにでも解釈がつき、しかも所詮はうつろい行く現象にすぎない」（丸山真男『日本の思想』岩波新書、一九六一年）という指摘は、今なお耳を傾ける価値がある。

光り輝くものを人は求める。しかしほとんどは偽物かもしれない。

## 3. ノイラートの船

二〇世紀初頭、ウィーンにオットー・ノイラートという哲学者がいた。彼は科学を船に喩《たと》えた。「われわれは、自分たちの船をいったんドックに入れて解体し、最上の部品を用いて新たに建造することができずに、大海上でそれを改造しなければならない船乗りのようなものである」。

この言葉は、アメリカの哲学者クワインが『ことばと対象』のエピグラフに記したもので、それ以来とても有名になった。

クワインはこの言葉について次のように記す。

ノイラート（Neurath）は科学を船にたとえて、われわれがそれを改造しようとするならば、船上にとどまったままで板を一枚一枚張り替えてゆかなければならない、と言った。哲学者も科学者と同じ船に乗っているのである。もし、われわれが物理的事物についての日常的な語り方をよりよく理解しようとするなら、それは、その語り方をもっとよく使われている言い回しに還元することによってではないだろう。そのようなものはないのである。むしろそれは、物理的事物についての日常的な語り方と、それを用いてわれわれの側で把握するさらにさまざまな事柄との（因果的であれなんであれ）関係を明らかにすることを通してであろう。（W・V・O・クワイン『ことばと対象』大出晁・宮館恵訳、勁草書房、一九八四年）

アメリカの科学哲学者トマス・クーンは、「科学革命」という言葉をはやらせ、「パラダイム・チェンジ」、つまり枠組み全体が一度に変わることこそ、「科学革命」の姿であると論じた。だが、ノイラートの船は、木造の帆船が原子力空母になることを否定する。古い〈もの〉を使い続け、少しずつ変えていくしか方法はない、と述べる。「科学」がここでは話題にされているが、同じことは「哲学」にも言えるし、そして「人生」にも言える。

われわれの船が浮かんだままでいられるのも、それぞれの改造に際してその大部分には手をつけず、船を動かしたままにしておくからである。われわれは、理論が連続的に変化するがゆえに、語の意味をなんとか理解し続けることができる。われわれは、次第次第に用法をゆがませて断絶を避けるのである。そしてそれは、初めのうちは、ジョンソン流［筆者註・辞書編纂《へんさん》者ジョンソン博士］の用法自体にも当てはまることである。なぜなら、対象についてわれわれが整合的に問題にしうるとすれば、それは、対象をひとまず受け入れることによって成り立つ理論体系に関連してのみ可能だからである。われわれは、どこで終えるかについては制限されていないが、いかにしたら始められるかについては制限されている。ノイラートの比喩をウィトゲンシュタイン（Wittgenstein）流に言い直すと、われわれは登りきって初めて梯子を蹴り倒すことができるのである。（前掲書）

哲学の思想が気に入らなければ、それをうち捨てて、新しい思想に飛びつきたくなる。しかし、根本的な変革を夢見ることの危険性が記されている。哲学的な梯子《はしご》を登り切ることはない。登り切ったと思うのはすべて誤解である。

全面的変革は船の沈没を意味するというのだ。人生が気に入らなくなると、投げ捨てて、学校をやめ、会社を捨てて、どこかに行きたくなる。行ってうまくいく人もいる。うまくいかない人も多い。

ノイラートの船は、「独立した基礎に基づく知識などない」ということだ。これは何を意味するのか。ノイラートの船は、科学や真理の探究に当てはまるものとして考えられているが、道徳や倫理にも当てはまる。それは、倫理の客観性の問題となる。「道徳は発見されるべきものではなく、作られるべきものである」とまとめられる。

時として、倫理学を自然科学と同じような確実性を基礎として構築できるような学問として捉《とら》えたいという人が出てくる。一将功成って万骨枯るような倫理学構築よりも、賽《さい》の河原のように、夕方になると倫理学の鬼が、積み上げた理論の山を壊しに来る姿の方が健全かもしれない。解決されるべき課題は毎日新しく、毎日新しい解決策を見つけていかなければならないから。鬼の後を追いかけながら、小石の山を再び積み続けるような仕方でしか、賽の河原で生きる方法はないと思う。

いつも揺れ動く船に乗りながら、その上で何かを築くしかない。私自身、形而上学《けいじじょう》に憧《あこが》れ、不動の大地、絶対確実な大地を求めてきた。そんな大地はない。だからといって懐疑主義に陥ったのかといえば、そうではない。言葉とは、フランシス・ベーコンが「市場のイドラ」として整理したように、粗雑な道具なのだ。その粗さは、人間が世界と関わるための長所・利点でもある。

というのも、言葉がパターン認識、一般認識の道具としての側面を強く持っていることから分かるように、必要な記憶だけを残し、それ以外を捨て去るためには、できるだけ粗雑な方がよいのだ。粗雑であって、個別的に逸脱した事例が出てくれば、一時的特別扱いとして短期的に記憶保存するのがよい。

粗雑な道具の方が、汎用性《はんよう》を持っているのである。ギザギザのついたステーキ専用のフライパンよりは、何の特徴もない普通のフライパンの方が何にでも使えるように。

言葉を使うということは、不動の大地から離れ、海を漂流することに似ている。言葉とは世界そのものをありのままに表現する道具ではない。実在論、客観主義は、言葉という道具を使う営みにおいては、必要でありながら、初めから実現できない課題なのである。実現できないことを求めることを、無駄だと決めつけるならば、素朴功利主義者であろう。

客観的で不動の事実を手に入れて、その上に哲学や倫理学を築きたいと思う人は多い。

そういうものを求めて無駄に時間を使うよりも、〈なくて結構〉と軽やかに出かけていった方がよい。

哲学に、厳密さや絶対性や深遠性や神秘性を求める人は多いし、私自身それを求めて哲学に入り込んだが、途方もない間違いやすさを持っている。神秘がないとはいわない。自明さの中に神秘が隠れているという感覚を持てるのかどうか、その辺が分かれ目だと思う。

## 4．揺れ動く船

ニュージーランド出身の哲学者ロザリンド・ハーストハウスは、オックスフォードでアンスコムから哲学を学び、徳倫理学を深く考察するようになる。「徳倫理学」というと、道徳的になれというお説教のイメージがわき起こるがそうではない。

原爆投下を弾劾し続けた哲学者アンスコムは、「近代の道徳哲学」（一九五八）という論文で、当時の倫理学を激しく批判した。実に爽快《そうかい》だった。現代倫理学におけるリボンの騎士のような存在である。彼女は、ケンブリッジで展開されていた言語哲学的な倫理学に激しい批判を加えたのだ。

事実（である）と規範（べし）との差異と同一性こそ、ケンブリッジにおける基本的枠組みだったわけだが、アンスコムは「べし」を静止した出来事と捉えるのではなく、生理的な事態や感情から生成する、つまり事実の中から立ち現れることに注目し、「べし」が成立する条件に注目する。

「べし」は確固たる事態ではなく、生成するものだ。法律のような安定した規範システムに追随したいと思う倫理学者もいる。既成の規範を後追いしていればよいから楽だ。しかし、法律もまた不安定な規範システムだ。主権が同一である限り、効力を持つものでしかない。そして、ミクロな人間関係の場にあって、法的制度を基礎とするようなモデルは奇妙だ。法律は、禁止規定や権利規定や義務などを定めていても、必要条件しか定めていない。法律は天網と同じで、漏らさないものであっても、粗いものなのである。

倫理学の網の目はもう少し細かい。倫理学は、倫理的事態を生成しつつある、安定しない状態において捉えようとする。生成しつつある状態を記述するのは、日常言語は不得意である。そして哲学の言語もまた不得意である。というのも言語は「である」と「でない」という二項対立で、肯定と否定という二分法で記述してしまうからだ。

日常の言語は、副詞でその状態を様々に記述したり、様相を付加して語ることで、中間段階を記述しようとするが、「花」について語る場合、「咲いている」か「咲いていない」かの二つに一つであり、つぼみやら咲き終わった後やらを語る場合には、別の主語を導入するしかない。二つに一つを拒絶しようとすれば、仕切り直しするしかないのである。

しかしながら、事実はたいてい中間段階が無数にあって、「不確かな中間」にこそ哲学的問題の本質がある。二つのうちの一つを選んでしまうと問題はすっきりと見えてくるが、概念操作に堕してしまうように見える。

徳倫理学も、善と悪を分け、両者を区分する基準の設定に素直に前向きに取り組むのではなく、斜めから、この「不確かな中間」に立ち向かう。

ハーストハウスも、善と悪を分かつ基準の設定に邁進《まいしん》しているのではない。ハーストハウスは次のような事例を取り上げる（ハーストハウス『徳倫理学について』土橋茂樹訳、知泉書館、二〇一四年）。

・危険な状況において、「本当はその場から逃げ出したかったのに、しっかりと踏みとど

まった人」「あまり気にすることもなく、平気で、その場にしっかり踏みとどまった人」を評価する場合

・有徳な行為に喜びを見出すことは真に徳をもつことのしるしであると考える場合

・同情心に乏しく、他人の苦しみに無関心で冷淡な人が、道ばたで苦しむ人を助けようとする行為と、博愛と友愛に満ちて、困った人を見ると助けたくなって、その行為に無上の喜びを覚える人が、道ばたで苦しむ人を助けようとする行為は、どちらがより道徳的なのかを問う場合

喜びを感じることなく努力して義務感で行う者の方が、喜びを感じて苦も無く行う者よりも道徳的なのだろうか。カントによれば、前者は義務感に基づき、後者は義務に合致しているが、自然な心の動き（傾向性）に即しているから、前者の方が道徳的と考えられている。いやいや勉強する人間の方が、喜びと楽しみを感じながら勉強する人間よりも道徳的なものと考えられている。しかし後者の方が明らかに努力の成果は大きい。すると、道徳的人間は道徳的であればあるほど成績が上がらないということになりそうだ。苦しみながら行う行為の方が高貴であると考えるのはよく分かる発想だ。

カントは、病気で苦しみながらも生き続ける行為の道徳性と高貴さを強調したいのだ。願わくば、快楽主義者と功利主義者をもっと呪ってほしかった。

カントは道徳性の規準として、普遍化可能性を挙げた。それがすべての人においてなされた場合に、いかなる帰結をもたらすかを考えるのである。すべての人が正直に振る舞う場合、嘘をつかない場合、事柄は順調に進むが、すべての人が嘘つきである場合、事柄はほとんどうまく運ばない。

普遍化可能性があるかどうかを道徳性の規準にしようというのだ。人間関係は常に世界全体にまで考察の範囲を拡げて考えるしかないのだろうか。世界平和であれば、その普遍化可能性は重要な論点になる。しかし目の前の子供を助ける場合に、普遍化可能性は大げさというか、時として普遍的夢想家をたくさん産み出してしまうのではないか。

倫理学が世界全体を覆うための網だと考えれば、倫理学の規範は普遍性を備えた方がよい。しかし、銀行強盗に向かって普遍化可能性を思い起こせとか、良心に立ち戻れとかいっても、効果はありそうにもない。普遍化可能性を備えながらも、個別的な現実に対しては、普遍性のままでは声の風（flātus vocis）として消え去ってしまうものなのだ。規則とは水の流れのようなものだ。水を汲《く》み取る器がなければ、それを汲んで煮炊きする料理に使うことはできない。

ノイラートの船は、哲学を志向する者が求めがちな、普遍性、アプリオリ性、絶対性、必然性、完全性といったものへの警鐘を含んでいる。いや、確かに哲学を求める者は現実の対処がそれほど得意ではないからこそ、抽象的な理論としての哲学を求めるのかもしれない。そこに、何やら現実的な手法を取り入れることは、のどが渇いて急いでお茶が欲しい人に、茶釜《ちゃがま》で湯を沸かし、抹茶を出してあげることに似ているかもしれない。

哲学が一つの治療法であるとしても、それは一枚の処方箋《しょほうせん》だけから成り立っているものではない。人生論にしても幸福論にしても、一枚からなる決定版の処方箋を求めようとしてしまう。そんなものはない、いやあっては困るのだ。

同じことになるのだが、人生に意味はない、いやあっては困るのだ。その言葉が何を意味し、どういう人生論を用意するのか、それを知りたいのだ。人生の意味を求める人を、人生に意味はない、と突き放すのは、パンを求める人に小石をぶつけようとすることにも見える。しかし、「人生に意味はない」という言葉を理解するためには、その言葉につまずいて、自分を転ばせる石が何かを見る必要がある。転んで痛いと思って、倫理学は始まるのである。

## 5. 船の港

ノイラートの船は、カントの船とは異なる。カントの船はどういう船なんだろう。不沈戦艦、いや小惑星が地球に衝突しても転覆しない船のような気がする。ノイラートの船はいつも危うげで、修理し続けなければ沈む船だ。つまり、絶対確実な事実などないと話を始める。倫理学もまた、ノイラートの船で進んでいった方がよい。そして、そののんびりとした船旅の一つがアンスコムの船であり、その後継船の一つがハーストハウスの船だ。

船には港が必要なのと同じで、絶対確実なものがあると人は安心する。しかし人生は危険の最中《さなか》にあり、いつも恐怖心が心のなかで準備している。港に戻ることなく人生が終わることも多い。

恐怖心を持ちながら危険な行為を遂行する人の方が、心の強い人だ。恐怖心を持たずに危険な行為を遂行する人は、怖いもの知らずだ。怖いものを知りつつ行う者の方が、知らないままなす者よりも道徳的であると言えるのかどうか。死ぬことを怖いと思いながら生きる者と、死ぬことを天に還《かえ》ることだと考えて気にしない人がいた場合、怖がりながら生きる人の方が道徳的と言えるのだろうか。天には父や母がいる、私が還るべき場所だと思える人は、死が寂しくつらいものであろうと、心穏やかに死んでいける。そういう表象を持ちえない人は、絶望しながら死んでいく。

徳倫理学は、規則に合致した行為を倫理的と評価しておしまいにするわけではない。どちらを選ぼうとよい行為とはならないジレンマを問題とする。解決不可能なジレンマもあるのだ。どちらを選ぼうと悲劇に終わるしかない「悲劇的ジレンマ」の検討こそ、徳倫理学の本領となるところだ。

褒めてもらうための倫理学でも、責めて裁くための倫理学でもない。善悪を判断すること、いやすべての行為が善悪で分類できると考えるのは、問題状況について解決可能であって、解決できるかどうかを最終的な審級としているからだ。解決可能な問題について、善／悪、正しい／正しくないと分けることは可能かもしれない。いや実際にはできないことも多いだろう。

世界の出来事は、善と悪という二色で染められているわけではない。

人の性格が行為よりも優位にある、ということは、善と悪という行為の判定自体が、行為の評価にかかわるものでしかないことを意味している。果物の糖度計が、言葉の甘さを測れないように。ハーストハウスは、悲劇的なジレンマについて、解決を示しているのではない。そこにはいかなる解決もない。しかし同時に「絶対的な悪もない」ということが一つの答えなのだ。

この言葉の隣に、「絶対的に不可能な人生はない」という祈りを供えておいてもよいだろう。


徳倫理学とは、行為の結果もさることながら、行為を準備する能力としてのハビトゥス（習慣的能力）に定位する。ハビトゥスは、行為の結果の手前にあって、反復や練習によって培われ、意識しなくても容易に実行可能な能力としてある。ハビトゥスは傾向性を促進する。ハビトゥスに基づいて行為することは、傾向性に即して行為することである。

事実はそれだけでは、人間もその心をも動かさない。事実は事実であっても、それがいくら繰り返されようとそこに倫理性は現れない。だから倫理は事実の束に還元されるわけではない。成功したら褒め、失敗したら責める？　それだけのことの繰り返しなのか。

事実に基づく？　それはそうだろう。そして、同時に倫理性が事実の上に付加されたり、付随したりする偶有性でしかないというのも、また誤りなのだ。事実と倫理性を同じものと見なしたり、同じ次元においたり、そして全くの別次元においたり、両者の混同を弾劾したりすることも、同様に誤りなのである。事実と倫理（規範・道徳）は、二ならずして一にもあらず、一ならずして二にもあらず、というのが前提となる。

アンスコムが一九五八年の「近代の道徳哲学」で示そうとしたのも、そういうことだろう。事実（である）と規範（べし）を結びつけるのは、感情であるが、感情を非合理的な秩序に反する無意味な反応、感情を排除してこそ合理的で功利的な行動となるというような感情排撃論は、原理主義的ストア哲学を真面目に受け取りすぎた弊害なのだろう。

価値が感情や愛や習慣に根ざして、そこから発生することは自明なことのはずだ。感情は道徳的に重要なものなのだ。価値は心の中で培養され、成長するのであり、だからこそ、「心理学の哲学」、心の哲学がなければ、道徳哲学は基礎づけられないとアンスコムは考えたのだろう。

倫理学には動力が必要だ。万巻の書でもって、倫理学大系を作り上げても、それを承認し、実行する人がいなければ、倫理学は死んだままだ。

徳倫理学は後ろ向きに後ずさりしながら未来に向かおうとする。それは何も奇妙ではない。人間に未来を見通す眼は与えられていないから。

利益を無視する倫理学はあり得ないとしても、利益を享受する主体はいかなるものであるのか。理性的な主体こそ、その享受者であるべきではないのか。

プラトンによると、徳の必要条件としては、（1）徳はその持ち主に利益を与える、（2）徳はその持ち主を善い人間、正しい人にするということがある。

正しさとは勝手気ままに個人的な好みで決まるわけではない。その普遍性の規準は、人間の心の変動によっては左右されないものとして、事実の中に求められ、その論点が自然主義と結びついてくるということは分かる。

徳倫理学の分野における倫理的自然主義の狙いは、アンスコムとイギリスの哲学者フィリッパ・フットの考えを踏襲することにある。自然主義は、倫理的評価が単なる我々の倫理観の表明に過ぎないのではないかという不安を解消するためにある。倫理学が事実の次元に回収され、そこに呑《の》み込まれ、埋め込まれて、事実の奴隷でしかなくなってしまうとすれば、倫理学とは何なのか。

死の床で、まどろみながらも苦しみあえぐ意識に向かって、「人生は空しい、神も仏も、天国も極楽もない」と語ることと、「お父さん、お母さんが待っているよ」と語りかけることのどちらが「正しい」のか。人間とは真理への供物であり、生贄《いけにえ》・人身御供《ひとみごくう》として食べ尽くされてオシマイなのだろうか。

誰かから「頑張ったね」と褒められていると思いながら死ねるのか、恐怖と絶望の中で死ぬのか、小さな違いではないと思う。倫理学はいつも事実を超えているのである。

# 第五章　風の中の倫理学

## 1. 言葉と肉体と風

五年ほど前のことである。大学に入ったばかりの新入生に西田幾多郎《にしだきたろう》の『善の研究』を教えてみようと思った。音読を取り入れようというのが私の狙いだった。十数人の小さな演習の授業である。まずテキストを区切って、最初に全員で三頁ぐらい音読する。感想を聞いてみる。全然分からないという。西田を勉強するためのゼミではなく、一年生が全員所属するフレッシュマンゼミである。シラバスに内容は予《あらかじ》め書いてあったが、哲学に関心がある必要はなく、哲学の予備知識も要らないと書いておいた。

音読しただけではさすがに不親切だから、私の方から内容を解説する。西田の人生やら、様々な哲学用語やらを解説して、その上で文章の意味を説明する。「主観と客観は分離しているように見えるが、直接経験では一つの未分化な状態として現れる」などと説明すると、一度読んだだけの後では「はぁ?」という顔だったのが、今度は「うーん」という顔になる。

その上でもう一度皆で音読する。最初よりも声が大きく出ているし、揃ってもいる。


直接経験の上に於ては唯独立自全の一事実あるのみである、見る主観もなければ見らるゝ客観もない。恰も我々が美妙なる音楽に心を奪はれ、物我《ぶつが》相忘れ、天地唯嚠《りゅう》喨《りょう》たる一楽声のみなるが如く、此刹那所謂真実在が現前して居る。（西田幾多郎「善の研究・思索と體驗」『西田幾多郎全集　第一巻』岩波書店、一九六五年）

この辺は読み上げていても気持ちがよい。この一節の中でも、「物我相忘れ、天地唯嚠喨たる一楽声のみなるが如く」のところで声を出して読んでほしい。学生達もこのあたりは声が大きくなってくる。音の響きの中に、直接経験における主客合一が感じられる。

概念がイメージを引き起こすよりも、響きがイメージを引き起こしている。音の響きの中に、光景が現れるのだ。西田が日本海の砂浜に向かうときに聞く松林の風の音や砂浜に座って聞く波の音が響いてくる。

経典や詩篇の読誦《どくしょう》や典礼で述べられる言葉が意味なき呪文《じゅもん》としてではなく働くように、

言葉も肉体に直接働きかける通路を用意しているのかどうか。哲学を、知性を介して理解する前に体で体験することができるのではないか。それもまた哲学との出会いのはずだ。私は哲学書を音読することこそ、開かれた出会いにつながると思う。哲学書は音読されるべきもので、そのとき哲学に向き合う肉体は身を開く。

概念が理解されるということは、そこから真なる命題を作れることだと考えられている。哲学の専門家は、難しい概念をつなぎ合わせて、真なる命題から構成される論文をいくつもいくつも作り上げることを求められる。

哲学を理解することは論文を作ることではないし、それを求められるわけでもない。暗記して風呂《ふろ》に入りながら、いや砂浜で風に吹かれながら口ずさんでみることもできる。しかし、テキストをそのまま風景が浮かぶまで繰り返し読んでみるという方法も可能だ。いや、風景が浮かばなくてもよい。経典を読むように響きを楽しむだけでもよい。中世のスコラ哲学の浩瀚《こうかん》なテキストを前に、読み方に難渋し、あまりに時間不足の中で絶望しているときに音読することは、一服の涼を得るに等しい。音読によって、スコラ哲学が直接声として体に染み込んでくるような感じがする。そのとき、声は声の風（flātus vocis）ではない。肉を持っている。

この、直接言葉が体に入り込んでいく感覚は、どこかほかのところでも味わった気がする。例えば光明真言。「オン　アボキャ　ベイロシャノウ　マカボダラ　マニ　ハンドマ　ジンバラ　ハラバリタヤ　ウン」。戦場の跡、処刑場の跡、非業の死を遂げた人々の墓といった、血だらけの痕跡《こんせき》としての霊場で線香を手向け光明真言を唱えるとき、何かが体に入り込み、刻みつけられ、染み込んでくる。

もちろん、それはただの思い込みであって、青空の下でさわやかな風が吹いているだけで、おどろおどろしく感じてしまうだけかもしれない。だが、この具体的な肉体の感じは何か。

目の前にいる人間からの自分への突然の悪口や罵詈《ばり》雑言、それを聞くと、こめかみの血流やら胸の動悸《どうき》やらのどの奥がかわいてヒリヒリする感じやら、「ああ、またあの感じだ」といやな身体感覚がわき起こる。何度これを経験してきたことだろう。悪意を醜くぶつけてくる人、自己という深淵《しんえん》の底からヘドロのように沸き上がってくる悪意をぶつける人を前にすると、肉体の方が先に反応する。

言葉を武器として使う人々は、激しい言葉を使って、できるだけ深く心に傷を付けようと、切り込んでくる。言葉と刃物と、どちらが鋭いのだろう。

体に斬りかかってくるように思われる言葉、それは直接的に体に斬りかかってくるわけではない。それは自転車に乗って角を急いで曲がって突然自動車に出遭ったときの反応とは異なる。冷や汗と毛の逆立つ感じというより、のどの奥が徐々に焼け付き始める感じに似ている。脳は思い出している。

海馬は、その膨大な記憶の整理棚から、似たような記憶を取り出してきて、「これと似ているよ」と教えてくれる。他者の攻撃性に面した場合の心と体の構え方、つまり臨戦態勢をとるように体に命じる。そして、私たちは目の前にいる人、この前まで友人だと思っていた人が、利害対立によって敵に変じたことを知る。

呆然《ぼうぜん》としている心とは対照的に、体は目の前に敵がいるのだと、心の持ち主に一生懸命教えようとする。心は分からないのに、体は確信している。心は麻痺《まひ》しているのに、体だけが感じてしまう。

目の前にいる、いや触れ合い、一つになっている相手に対しても、言葉を交わしながら、言葉ではなく、体が他者を認識することもある。他者が他者であるのは、相手がロボットやAIではなく、意識が相手に宿っていることを認識しているときのはずなのに、目の前に死んだはずの恋人にそっくりな人が現れるときに、取り憑《つ》かれたり、心を奪われたりするのはなぜなのだろう。

言葉は体の脇を通り抜けていく風ではない。痕跡をしっかりと残す。しかし、意味や形相ではなく、質料の方が、人間の質料的側面である肉体に働きかけ、それを導管として意味を伝えるときもある。質料性が濃くなるのは、内包としての規定が薄い場合、外延において広く、内包を持たない概念の場合だ。

超越概念（存在、一、善、真、もの、或《あ》るもの）は意味が薄く、そのために、意味として心に刻まれるのは難しいはずだ。しかし、哲学の難問がアリストテレス以来、超越概念をめぐるものが中心であり、そうであり続けているように、超越概念は意味においてではなく、心に刻み込まれる。存在とは濃い流れなのである。

## 2. 概念の森の中で

人は哲学の森の中ではすぐに迷ってしまう。なぜか。言葉一つ一つを扱えるようになるのに時間がかかるから。見て分かるようになるだけでは、中途半端だ。茶道のお点前《てまえ》は、習熟するまでに時間がかかる。頭で手順を覚えても、体の方が無意識に反応できるようになっていないと臨機応変に対応できないし、身についているとは言えない。

完全に習得していれば、頭で考えなくても、自然と体が動く。こういう状態を「エキスパート」と呼ぶこともできるし、「体得」と呼んでもよい。私はこういう状態を「ハビトゥス」という。無意識の状態ということではない。意識の中に書き込まれ、記憶の中に蓄積され、他のものとの結びつきや、思い出し方から活用法までが習得され、心にも体にも馴染《なじ》んだものとなっているとき、それはいとも容易に適切に作動するものとなっている。ボタン一つ押すだけで仕事が始まり、完成にまで至るような流れの容易さなのだ。

意識の外部にあるということよりも、意識の底に沈み、慣れ親しんでいるために、常に注意深く関与することがなくても、意識はそれを制御しているような状態なのだ。自分の母国語を話すとき、自転車に乗るとき、スポーツをするときのように、自由自在に統御しているために心も体も存在感を失い、自分と対象が一体化して、それどころか自分もなくなってしまったような感じで動いていることが、その境地なのだ。

「無心」と言っても「三昧《さんまい》」と言っても、「主客未分」と言ってもよい。

哲学はハビトゥスだと思う。概念は理解されてとどまるものではなく、それが意識されず、出来事を考える場合に、概念がメディアや道具としての存在感を失い、文字も概念も消えてしまうのが、理想的な境地なのだ。いにしえの人と直接対面しながら会話している、いやときにはそのいにしえの人が直接、心に入り込んで教えてくれるような境地が理想的だ。

もちろん、そのようなことは徹底的に稀《まれ》な僥倖《ぎょうこう》であり、難解な哲学書を読む場合に、著者が「降りてくる」ような感じばかりを求めてしまうと、途方もない迷路に陥ることもまた真実ではある。

哲学の概念は目の粗い網だ。目が細かいとよいわけではない。細かすぎると大量の水はすくえない。すぐに破れる。事細かな取り扱い説明書が必要になってきて、いつまで経っても自分の道具になった感じがしない。形而上学《けいじじょう》の概念、例えば超越概念（存在、一、善、真、もの、或るもの）は途方もなく粗い。しかしそれは概念が概念としてあるための条件を如実に示すためだ。粗いがゆえに、様々な場面に自由自在に自ら形を変えて、はまっていくことができる。いつも大地の底から鳴り響く。

いつも何ものかの、呼びかける声に引かれながら、その後を追いかけてきた。声の持つ引力、いやむしろ重力といった方がよい。声であれば、声に辿《たど》り着けば旅は終わる。しかし重力の場合は、辿り着いても終わることなく、対象の中に引きずり込まれ続ける。意識しようがしまいが、常に引きずり続ける力は、重力だ。

その何ものかのことを考え続けていると、心は鈍重になって食べることさえ懶《ものう》くなる。眠ることも起きることもすべてが懶くなる。何かが引き寄せているのだ。引き寄せ続ける、その「何か」の顔を見てみたいと思う。

〈存在〉は言葉によって語られるのか。いや、言葉は〈存在〉を語ることができるのか。そう問いたくなるのは、〈存在〉こそ語ることの可能性の条件のように見えるからだ。言葉が〈存在〉を語るということは、何に似ているのか。私たちが父母を産み出すこと、それどころか地球や宇宙を産み出すことと似ているのかもしれない。それは途方もないことではない。

ライプニッツのモナドは無限の宇宙を表現し、そういった無限のモナドによって構成される宇宙を一つ一つのモナドが表現することで、モナドの中には、幾重にも重なる無限性の層ができているのだ。モナドの表現とは、関数的な対応関係というよりも、肉体が肉体自身を貫くことではないのか。

〈私〉とは、光源ではなく、奈落《ならく》、根底、暗闇、深淵なのだ。底を見ると、コギトも自己もなく、闇だけが広がっている。自己が自己に語りかけるとき、深淵が深淵に呻《うめ》きを投げかける。そして、呻きだけは暗い谷底に響き渡る。

言葉が〈存在〉を語ってしまうことは途方もないことだ。形而上学は、存在である限りの存在（ens inquantum ens）を探求する。これは、宇宙を支える亀が自分の足元を見ようとすることに似ているのではないか。〈存在〉は己を求めるあまり、自分自身の中にめり込んでいこうとする。

この絶望的な努力の中では、〈存在〉が希薄なものであり続けるのではなく、粗い網でありながら、そこに膜が張り、そして硬化して、いつのまにか織り地となり、ついには壁になっていく。言葉はその堅い壁に消えない傷を残す。

言葉は傷として肉体に残る。しかし、〈存在〉は傷の中に定着するのではなく、流れとして、重く漂い続ける。

風は行き先が決まっているわけではない。東に吹く風が「正しい風」というわけではない。そして、風はどこに吹こうかと思い悩むことはない。人生は風だ。行き先が決まっているわけではない。風に目的はない。風は目的もなく吹き、バラは何故ということなしに咲く。

予測可能性がない。風の吹く方向を予測しようとしても、それは難しいし、変化に追いつかない。手許には何も残らない。

感覚とは方向（sens）だ。風の向きのように変化する。だから風は追いかけられるのではなく、導かれるものなのだ。

風に舞う枯葉を受け止めようと追いかけても、捕まえることは難しい。壁を作り、風の通り道を作ることで、枯葉も落ちるべきところに落ちることができる。

風を知る、風を読むとは、風の方向を知ることだ。事実とは、風の向こう側に、風や空気を通り抜けて見えている形式のようなものだ。風を知らなければ、向こう側の形式に到達できず、風に飛ばされてしまう。

## 3. がんばらない努力

がんばって、快楽にはまって、しっかり立派で真面目な依存症になると、企業にとってはありがたい。自分を犠牲にして貢いでくれる人々だ。

テレビのCMを見ると、「おいしいぞ、おいしいぞ！　食べろ！　食べろ！」と、なくなりそうな欲望を奮い立たせるような勢いのあるメッセージがたくさん流されている。年をとって欲望が減ってきた年寄りには、食べ物のCMを見続けているだけで胸焼けがしてきそうである。

依存者は、消費者としては経済原理への忠実な貢献者である。健康と生命と家庭を犠牲にして経済原理に従いながら、覚醒《かくせい》剤依存者は、非合法集団の雇用創出に役立っていると考えられる。タバコのみが、いろんなものを犠牲にしながら、経済的に社会貢献していることは倫理学的に高く評価してよいことかもしれない。

ともかくも、欲望をたくさん持つことが、消費社会におけるよい消費者であるというイメージを朝から晩までばらまいている。これからは、ローマ帝国の皇帝のように、満腹になったら嘔吐《おうと》して食べられるようになるため、鳥の羽が売り出される時代が来るかもしれない。食のための素直な欲望が奨揚されるのは、「欲望よ、がんばれ！」という激励なのだ。疲れ切った体の状態で欲望を絞り出すため、高い栄養ドリンクを飲むように。

何でもかんでも、必死になってがんばることがよいことだと考えられていて、がんばらない人は悪人であるかのような風潮になっている。必死になってがんばりすぎていることは、過剰適応といって、ぎりぎりのところまで能力を使っているということだ。それは、非常口を玄関にしている家のようなものだ。火事になって玄関から出られなくなると、それ以外に非常口がないから逃げられない。

ガンバリズムの哲学的基礎は、努力の量的蓄積によって成功につながるという発想である。睡眠時間を減らして、勉強時間を増やせば成績は伸びる、努力すればするほどよい商品開発はできる、ということだ。飽きっぽくて努力しない、口は動くが努力しないような人間が思ったより多く存在する社会の中で、努力一元論者は道徳的行動としては素晴らしい。

ガンバリストは、ガンバリ続ければ、神風が吹いたり、天恵という余慶がもたらされると考えているふしがある。しかし、寝ないで商売しても、売れない店は売れない。いくら努力しても、成果が得られないということはあまりにも多い。もちろん、ガンバリズムを否定したいわけではない。

「がんばる」というのは、目的に向かって全力で急いで向かうということだ。特定の目的に対して「がんばる」ことはできる。がんばって評価され、成功する確率も増える。しかし、人生全体において「がんばる」ことはできるのか。「太く短く」生きることは、体に悪いことをし、暴飲暴食をし、早死にすることは、人生に「がんばった」足跡となる。

がんばることが自己目的化して、強迫神経症的に猪突《ちょとつ》猛進することが倫理的な美徳であるかのように捉《とら》えられている。御神輿《おみこし》を担いで、ワッショイワッショイ、あれこそ「がんばる」ことの純粋形態である。

がんばった人が努力した人として褒められる。がんばることが美徳として褒めそやされている。がんばることを褒める倫理学、何か大事なことが抜け落ちていないか。

欲望の密輸入のプロセスと、嫉妬《しっと》と他者への攻撃性は同じ系に属している。他者に褒めてもらうと元気が出る。そして、他人からの評価を求めてどんどん動ける人は、同時に他人を攻撃しがちな人でもある。友だちの多い人は他人を攻撃することも得意な人だ。友情と攻撃性は同じシステムなのだ。

笑いが幸せな状態、人柄の良さ、心身の健康に結びつくようなイメージで語られているけれど、テレビにおける笑いの暴力的強制、冗談の際に現れる集団の権力の分布の確認などを見ると、笑いが精神の痙攣《けいれん》であるという論点は忘れてはならないと思う。

ベルクソンは著書『笑い』のなかで、笑いとは失敗に対する社会的懲罰であると解した。笑いは親愛性の現れというよりも、価値観を共有する集団への入会の意思確認を尋ねている場合も多い。誰かの失敗を笑う場合、同情ゆえに助けるのではなく、「皆で嘲笑《ちょうしょう》しよう、この集団に入りますか?」と尋ねるような笑いも日常茶飯事である。もちろん、笑いは背中も腹もドス黒いし、だからこそ面白いし、天使は笑うことができないのである。

意気地とハングリー精神は同じものだ。私はなぜかそういうものを憎んできたような気がする。そこに動物的なものを感じとり、汚れたものと思ってきた。勝って倒して殺して食べて喜ぶという姿が頭に浮かぶから。動物的なものとは狂騒の現れる条件であり、理性や意識は自分だけではそこに到達できない。

お祭り騒ぎには素直な、リミッターを外した欲望が中心に位置していなければならない。意識や理性の徒は、そこに参加したとしても、いつも「祭りの後」なのだ。時間的に先立とうと、祭りの最中《さなか》にいようと、いつも「祭りの後（post festum）」なのだ。それこそ、居場所のなさということだ。

居場所がない人間は、哲学というアジール（聖域、避難所）に逃げ込むしかない。神社の縁の下が宿無しの住処《すみか》だったように、アジールは誰のためにも開かれた場所なのだ。

苦しんだ者が苦しんだ分だけ成長できると考えることは、「精神主義」の特徴だ。「がんばれ！　がんばれば願いはかなう」というのは精神主義の典型的な症状で、鉢巻きをして、太ももに錐《きり》を刺しながら勉強すること（ここまでやれば成果は出るけれど）、そこまで行かなくても心だけは取り入れるという「心意気精神主義」は、日本社会をずいぶんと蝕《むしば》んでいるように思う。

「分かっているんだ、でもがんばることをやめるなんて、恥ずかしくてできないんだよオジちゃんは」。そこに日本人としての恥じらいと美学を見つけるのも一つなのだが、マゾヒズム的に「オレはこれだけ苦しんでいるんだから、正しいんだ、きっと誰かが認めてくれる」と思いつつ、誰にも助けられないまま朝から焼酎《しょうちゅう》を飲む生活は、日本人の美学にかなっているのかどうか、少し疑問に思う。

もちろん、そういう大多数を、ブルドーザーでバリバリ乗り越えていける人が、新しい時代を切り開く麒麟児《きりんじ》と言われるのだろう。天を駆ける麒麟児と、泥の中で這《は》いずり回る「小さなもの達」とどちらの味方をするのかと訊《き》かれたら、それは、もちろん、「小さなもの達」である。

## 4. かっこよさと徳

大きな犬を連れてウエストコーストの海岸を散歩するような生活、友だちを呼んで中庭でバーベキュー・パーティーをするような生活に憧《あこが》れる人々。オシャレな店でオシャレな食事をして、オシャレな洋服を着て、オシャレな旦那《だんな》にオシャレなお家《うち》。これが虚栄(vanity)と呼ばれた時代もあった。

そこまでお金がない人は、ブランドもののバッグを買ったり、高級な腕時計をしたりして、自分の社会的価値と尊厳を目に見えるように表そうとする。社会的に見栄えのするステータスとして有名大学の教授の肩書きを求める人もいる。一方で哲学書を読み続けられる仕事を求めていたら、いつのまにか大学教授になってしまった人もいる。

オシャレとかっこよさ、それは人の心を動かし、事物や食糧や商品を流通させる。徳（アレテー）として考えられてきたものは、隠された宝なのではなく、見つけられた宝である以上、山奥深くに住む仙人に徳があるとは言えない。樽《たる》の中に住み、権力とも名声とも無縁で世間離れしている人が、倫理的な人なのか、世俗の中でシステムをうまく動かし、人々に様々な善をもたらす人間こそ倫理的なのか。隣人愛が倫理性と重なるならば、勤労に励むものこそ倫理的な存在なのである。そして、それこそ徳のはずである。

心を動かすことができるのかどうか、そこに倫理学の中心がある。最高善であろうと真理であろうと平和であろうと、心に浸透し、行動しようとする動機を与えなければ、絵に描いた餅《もち》でしかない。倫理学はいつも人と人との間にある出来事だからだ。

個人の中に内在したままの倫理学は、宝石や貴金属としてあっても、倫理学にはならない。秘められた良心は倫理学ではない。

徳とは何か。ギリシアにカロカガティアという概念があった。正義の人は美しく、かっこよいのである。ヒーローは描かれてきた。しかし、正義と美とは独立の概念であり、両者の結びつきは偶然でしかない。芸術がそれを表現すれば、それを必然性のように描くことはできる。主人公は美しくなければならないから。

簡単に言えば、善人とは姿においても行為においても格好のよい人なのだ。歌舞伎の役者のように、見得を切って、拍手喝采《かっさい》を浴びるのが倫理的な善人ということになる。しかし、善人は格好のよいことではないと述べたのが、ヘブライズムの伝統だった。

倫理的に生きるとはかっこよく生きることだ、というのがギリシア思想の基本にある。だからこそ、ギリシア語の徳を表す「アレテー」が「卓越性、高貴さ」も表したのである。徳とは社会的地位の高い人の所有物だったのである。「手柄」というのは、徳から生じる賞賛されるべき成果のことだ。「手柄」と「家柄」は親密に結びついていたのである。日本の武士の世界もそうだ。手柄は低い身分の者に属するのは特別の場合で、高い地位の人に帰属するものなのだ。

倫理学がかっこよさやオシャレから乖離《かいり》してしまっているとしたら、それはギリシア的徳から離れてしまっている。倫理学はなぜかっこよくなくなったのか。倫理学は山奥の仙人を目指すべきなのか、それともＤＪポリスのように、人々の心に働きかけるものを目指すべきなのか。そして、人々の心に働きかけるとは、利益や功利性なのか、それとも、「美」なのか。

かっこよさは金も〈モノ〉も人の心をも動かす。それは軽佻《けいちょう》浮薄なことなのか。争いや闘争や格闘もまた人の心を掻き乱し、熱狂的興奮に陥れる。それをパトスからの離脱を目指すべく、切り捨てることは、人間であることの条件を放棄することだ。人間が人間である限りの条件の中での倫理学とは、天使を目指す倫理学ではない。「天使よ、さらば」と言ってこそ、人間の倫理学が始まる。

美とは秩序に回収されてしまうのだろうか。美学の成立は、美の理論的起源の探求を目指すところにある。美において重要なのは、快や楽が、徴候（symptom）として、指標として介在しているということだ。楽しいがゆえに美しいという必然的関係は成り立たない。しかし、そこには自然的な強い結びつきがある。死と生が必然的に結びつきはしないとしても、自然的には不可分に結びつくように。倫理学は美と結びついている。

日本人はかっこよく死ぬことを目指してきた。もちろんそれは武士の大義名分的人生観であったろうし、庶民からは縁遠く、明治以降廃れてしまったものだろう。それを再現しようとするのはアナクロニズムだ。切腹して死ねることは先祖に対しても子孫に対しても顔向けのできることだ。顔向けできないことほどの心の痛みは存在しない。

死を醜いものとして描いたのは、西洋なのか仏教なのか。人の腐敗していく姿を美しいというのではない。死体を美しいというのでもない。死が醜いものではないということは、死が生の姉妹（soror vitae）であるからだ。だからこそ、人は死者を鄭重《ていちょう》に葬ってきたし、墓所を築き上げてきた。

現代において「善い死に方」とは何か。痛みなく死ぬことか、幸せに死ぬことか、美しく死ぬことか、かっこよく死ぬことなのか。いろんな死に方がある。ただ、誰かを呪い殺そうと思いながら死ぬのは善い死に方ではない。呪いとしては効果的ではないから。

自分が空っぽだと他人から指摘されて、空っぽを埋めたくなる。自分の欲望で埋めればよいと言われても、好きなことをしなさいと言われても、何が自分は好きなのか、自分という小箱を開けても、空っぽのときもある。

自分の体の欲することを好きなことと思い込んでしまえれば、食欲、睡眠欲、性欲を自分の欲望と思い込んで、その欲望の充足が自己実現だと思い込めるが、そんな人は多いのかどうか。食べていれば幸せ、飲んでいれば幸せ、モテていれば幸せ、そう思い込めれば、本当に「幸せ」な人だ。

倫理学的に考える人は、いつも醒《さ》めて物事を見る。どんなに幸せでも自分の持ち分は三割程度、残りは皆に分けてこそ、倫理的だ。倫理学は「風」のようになるべきだと思う。倫理学を「秤《はかり》」のように捉えるのは、物差しとして使えるからよい。裁くための「剣」を目指すような倫理学、目的に搦《から》めとられ、「虜《とりこ》」のようになっている倫理学。いろんな倫理学があるけれど、私は「風」に憧れる。

## 5. 価値どろぼう

誠実な表現者は過酷な批評家にはなりはしない。表現とはいつも失敗だらけの足跡だから、足跡一つ一つの乱れは、表現が獲得していく年輪のようなものだ。消費者の立場からすれば、木目（杢目《もくめ》）の乱れは、傷でしかないだろうが、傷跡のない表現など、表現の痛みを担うことはできない。

アマゾンのレビュアーにしても、世間の批評家にしても、毒舌でブイブイ言わせている人間というのは、不愉快極まりない。自分は見えないマントを羽織って、目に見えている人間を攻撃するわけだから、卑怯《ひきょう》である。一緒に快哉《かいさい》を叫ぶ人は多いようだから、猫の首に鈴をつける生贄《いけにえ》要員と見なして応援しているのだろう。テレビの前の日曜政治評論家やネット書評者は、流通と消費を活性化している篤実なる消費者だ。「手柄」を求めて人はテレビを眺め、本を読む。

目の前の数字や成果ばかり追いかけて、その達成によって身を立てる場合、達成しない限り、自分は成り立たない。だから、保身に夢中になるしかない。

世間は結果を出せという。成果が成果であるためのエビデンスを示せという。人文科学のように、成果が数字に出にくい分野では、「社会の倫理的状況の改善に資する活動を行い、成果があった」というのであれば、具体的な数字やエビデンスを出せと言われる。

いつも抽象的な概念ばかり追いかけていると、ゴジラの研究をしていても、ゴジラの一般概念は分かっても、目の前のゴジラをゴジラと認識できないようなことも起きてしまう。イデアと、イデアを充足する個物の間の関係が分からないと、イデアを分かっても個物が認識できないとか、個物を認識できてもイデアの意味が分からないとかいうことが起きてしまう。存在や真理も同じだ。

事実の次元と、事実を支える次元と、事実が目指すべき次元の関係について、それぞれの倫理学がどのような態度を採っているのか、明瞭《めいりよう》判然と理解できない限り、いつまでも倫理学の彷徨《さまよ》い人のままである。

エンデの『モモ』に「時間どろぼう」の人々が出てきたが、倫理学でも「価値どろぼう」の人々はいるようだ。帰結主義は価値どろぼうの倫理学なのである。価値どろぼうをしていると、小正月に「価値どろぼうをしている子供はいないか」と大きな包丁を持ったナマハゲに怒られそうだ。価値とは、時代の流れに即応していつも合意形成を経ながら新しく作られていくべきなのに、古い価値観に安住していれば、ナマハゲの包丁に斬られかねない。

帰結主義は準備や途中での苦労をすべて、結果・帰結に置かれた秤で重さを量って、

「途中で苦労しましたけどね、できあがりは少なくて、質も大したことありませんね」と、途中の功績を全部盗んでいってしまうのである。人生には長いのも短いのもあるが、帰結主義の人は、秤とメジャーで測れるように、長くて太い人生を高級品としてしまう。イエス・キリストが、現世においても来世においても救われがたくあった〈地の民〉のために、無償の救済理論を構築したのとは正反対である。

他人を出し抜いて、一人勝ちするための倫理は、圧倒的多数の弱者に心を奪われてはならないのだろう。長い人生が与えられたら実現できたかもしれない功績を、可能性の功績としてどこかに「ある」と考えるのと、腹の足しにも雇用にもつながらないと「無」として考えるのでは倫理学の姿は異なる。

人生の目的を、時間空間の中で確定できることに限定すれば、分かりやすいし、勲章を与えるための事実確認をしやすいのだが、「ある」ということの領域を広げて考える〈小さな倫理学〉の立場からすると、乏しい世界のように見える。

病気は悪だと捉えられる。望まれていない悪だから罰として捉えられてしまう。しかし、病気になるのは、何らかの罰なのではない。先祖や本人が律法を破ったために、いつ犯したのか分からないが、どこかで犯したかもしれない罪のために、病気として罰が与えられている、したがって病気になるのは汚れた人間だという発想を抜け出るために、宗教は生じた。現世において成功している者を来世においても成功させるために、つまり現実世界を二倍化するために宗教はあるのではない。

弱者は強者に、強者は弱者にという価値の転倒が現世と来世の価値の構図であるならば、これまた現世の怨念《おんねん》を来世で晴らすだけでしかないから、陰陽の形で現世を二倍化することだ。

人生は確かに荒野だ。荒野で叫ぶ者の声が聞こえても、「あれは風の音だよ」と教えてあげる方がいわゆる「良識」あることなのだ。哲学の声はきっと風の音なのだろう。荒野とは価値が破壊され、何もない状態だ。荒野に一人立ちつくすことを喜ぶ人々は多いのか少ないのか。破壊することの爽快《そうかい》感に酔いしれることを覚えてしまえば、破壊することほど快感を感じることはない。

「大きな倫理学」は、様々な小さな倫理学を破壊し、荒野を拡げ、そこに巨大な高層ビルを一つだけ建てようとする。小さな国はすべて潰《つぶ》し、大きな国を一つ作ろうとする。

価値どろぼうとは、一つの価値観を正しいとして、他の価値観や理論を批判し、それを存在しないように破壊しようとする活動だ。

学会の活動で発表が重要になっているのは、発表者の難点を指摘して、その発表者が傷つき、研究する意欲がなくなれば、ライバルが減って、自分の相対的利益が上昇することが背景に見られる。学問の良心に従って批判することは、自分の利益を増やす可能性を持っているのだ。

人生は失敗の連続であり、〈負〉のデフォルトこそ、出来事の起源と考える人々は、〈負〉を〈負〉として受けとめ、そこに倫理の起源を設定する。誤りを正すことよりも、誤りに陥ることとしかできない人間の本性に祝福（benedictiō）を述べ、そこに倫理学の起源を設定する。

人生の目的を見出《みいだ》し、他の多くの者を犠牲にして、その目的を実現できた人々を賛美し、権力者に祭り上げ、その利益をもらうのではなく、負けた人々の呪いと苦々しさの沼に咲くハスの花を嘆美する倫理学を私は求める。存在の年輪の乱れは乱れでありながらも美しい。人生が終わりそうになって思うのは、そのことだけだ。

# 第六章

# 終わらない愛

## 1．愛するとは何か

二〇世紀の政治哲学者ハンナ・アーレントは、ナチズムの根底を見通そうとした偉大な思想家だ。その思想家にも少女のときはあった。彼女の指導教授であったハイデガーに提出した学位論文のタイトルは「アウグスティヌスの愛の概念」（一九二九）だった。その論文が二人の間の愛とどこまで関連しているのか、詮索《せんさく》したというわけではない。そこに登場する中心的一文が amo: ut sis.（アモー・ウト・シース）というものだ。「私は愛する。あなたがありますように」と直訳できる。

「あなたが存在しますように、あなたが生きてありますように」というセリフがどこまで重いのか、分からない。アウグスティヌスがその言葉を記し、アーレントがそれに反応するとき、哲学史の細く長い道筋はいかなる思いの流れを載せているのだろうか。アウグスティヌスはそこに何を込めたのだろう。アーレントは何を込めたのだろう。彼女は晩年の思索の書『精神の生活』（一九七一）においても、この愛の言葉を何度も書き記す。超訳になってしまうのだが、「あなたがいる、私は愛する、あなたがいない世界は寂しい」、そう訳したくなる。amo: ut sis. というのは、短いセリフだが、素敵な愛の言葉だ。相手に何かをして欲しいというのでもなく、こちらから何か働きかけがあるのでもない。二人が見つめ合いながら、静かに向かい合っている姿が見えてくる。

やはり、愛こそすべて、なのだろう。老人になって恋愛からほど遠くなっても、「愛」が人生の中の一番目か二番目に大事な項目であることは確認ができた。

もちろん、「愛」といっても、人間相互の愛だけでなく、存在への愛やら規則正しさへの愛でもいいだろう。目的合理性に搦《から》めとられない、心の臓物《ぞうぶつ》、奥底、内奥から発するものを「愛」と呼べばよい。

神社やお寺に行って、願掛けをするとき、人は何を祈るのだろう。「どうか試験に合格しますように」と現実的な願掛けをする人も多い。日本にある修験道の山々も、戦国時代には特定の戦に関しての戦勝の願掛けがなされた。もちろん、戦国武将が純粋な信心から戦勝祈願をしたわけではなくて、祈願を司《つかさど》る僧や修験者は、諜報《ちょうほう》活動、隠密《おんみつ》、ゲリラ部隊など様々な働きをしたから、そういう人々を手懐《てなず》けるためにも、山岳に宿る神仏に祈願をすることは現実的に大きな効果を持っていた。

しかし、今では僧侶《そうりょ》も神官も修験者もみな、聖職者である。神仏への祈りは、霊的なものになる。現実的な願掛けをするのではない場合、人は何を祈願するのだろうか。祈願内容が予《あらかじ》め印刷してある護摩木の項目を見ると、「所願成就」というオールマイティーのものや「家内安全」「家内泰平」といった漠然とした項目が多い。

護摩木ではなく、手を合わせて祈願する場合、「幸せになれますように」と祈る人は多いようだ。「幸せになる」というのは、どういう成立条件があるのか、そんなことを考える人はいない。幸せであることとないことを分ける規準を考えた上で、その基準を満たす状況を実現したいという願望ではない。なんとなく方向を示しているだけだ。

「どっちに行きなさる」と訊《き》かれて「ちょっとそこまで」と答えるのと同じ感じだ。コミュニケーションのコンテンツが大事なのではなく、コミュニケーションがなされているということ、つまり、顔を合わせれば挨拶《あいさつ》するような関係であって、それが今日も継続されていて、これからも継続したい、というのが「どっちに行きなさる」「ちょっとそこまで」という会話だ。

「おはようございます」「おはようございます」という挨拶も、コンテンツを伝えているわけではない。ドイツの思想家ベンヤミンは「言葉は伝達可能性を伝達する」と述べた。この伝達可能性を伝達するというのは、難しいけれど、とても大事な思想だ。挨拶は、内容としては何も伝えていないが、相互の伝達可能性を伝達しているのだ。

電線で言えば、電線がつながっていることの確認だ。水道管で言えば、管がちゃんとつながっていることの確認だ。実際に電気や水を流さなくてもよい。必要な時に電気や水が流れるかを確かめている。挨拶も同じだ。そして神様への祈願も同じだ。初詣《はつもうで》も、伝達可能性を伝える儀式だ。

神の存在非存在に中立的な態度を採って、祈願したい場合には、自分に対して伝達可能性を伝達すればよい。感謝なのか、無心に拝むのか、「幸せになれますように」という非伝達性の祈願を行うのか。

アウグスティヌスが amo: ut sis. と言うとき、それは、コンテンツとして何かを伝えているのではなく、伝達可能性、つまり絆《きずな》が両者の間に存在していること、これまで存在し、これからも存在していることの交わる、人との約束を含む祈りなのだ。何も語られていない点で豊かに語る言葉なのだ。

知性と意志とどちらが優位を占めるのか、そういう問題設定がある。ニーチェは、理知的なアポロン的人間と、情熱的なディオニュソス的人間に分類した。知性主義（主知主義）と意志主義（主意主義）とに対応するように見える。

知性を無視して、意志が「断じて行えば鬼神すらこれを避く」とばかり実行すれば無謀との違いが出てこない。西洋の一三世紀には主意主義が隆盛であった。その典型が、ペトルス・ヨハニス・オリヴィというフランスの神学者である。

主意主義とは、自分のできない、不可能なことを意志すること、それを核としている。目的を評定することもなく、実行に移り、時には不可能を現実化してしまう場合もあることに、主意主義の一番の核心がある。

一言でいえば、「愛こそすべて」である。できるかどうかという目的の評定は措《お》いたまま、険しく困難な出来事に向かう。無謀で愚かなことも多い。愛がそもそも何であろうと、どのような姿をとろうと、その駆動力、力の激しさは「存在の嵐」とでも呼ぶしかない。そこに主意主義の根がある。

アーレントは、主意主義の中に、根本悪にも向かいかねない危険性と、救済の力の両方を見出した。アーレントが amo: ut sis. と言うとき、それは深いところから出てくる祈りだったのだと思う。

## 2. 哲学の始まり

「皆赤信号を渡っていますが、私も渡ってよいでしょうか？」「皆規則を破っています。私も破ってよいでしょうか」と訊く人は何を訊いているのだろう。そんなことを訊いてよいのだろうか。

そんなことを訊けば、不見識、いやおかしな人と言われるが、そういう人は「分からないからこそ訊いているんです」と答えるだろう。「尋ねることは許されることでしょうか」と尋ねることの当否を考えれば、何でも許可をもらおうとすることの奇妙さはよく分かる。「誰も教えてくれなかったのです」「規則を破ってもいいと教わったのです」と答える人もいそうだ。私は悪くない、悪いのは他人だ、私は教わらなかった、教えてくれなかった、ということになる。

人から何でも教わろうとする人もいる。都会でこれだけたくさん人がいれば誰かが教えてくれるはずだ、と思いたくなる。しかし誰も教えてくれない。都会とは逆に、山奥では、教わる人がいない、いや人一般があまりいない。したがって誰からも教わることはない。

いや、教えるという行為が少なくなった。皆スマホで用を足すからだろう。スマホで分かることは、人間世界のほんの少しのことだ。

分かるべきこと、分かった方がよいことを人々は案外教えようとはしない。正しい勉強法だってそうだ。正しい勉強法で勉強すれば成績は上がるのだ。それは確かにある。だが、学校の先生も教えてくれず、塾の先生も高い授業料を払っても教えてくれない。「誰も教えてくれないのです」。正しい勉強法が初めから身についている者は正しく学ぶ方法が分かり、分からない人はどう試しても身につかない。分かるかどうかで、分かることの可能性の条件を自分で制御できるかどうかで、選別が行われてしまう。

幸せになる方法、それを学校では教えてくれない。スマホも教えてくれない。「幸せ探索GPS」というアプリが開発されたという話も聞いたことがない。親はスマホと異なって、幸せにコミットしてくるが、子供に押しつけるだけで、幸せとは何か、人生はどのように生きるのか、教えてはくれない。

「真理とは何か」「友情とは何か」「人生とは何か」「私とは何か」「存在とは何か」、人間であれば誰でも知りたいこと、知るべきことを教わった記憶はない。

先生の読んでいる指導要領には第一頁に書いてあるはずだが、生徒は読めないから知らない。もし指導要領のどこにも書いていないというのであれば、透明な文字で書いてあるのだろうが、もしかすると、学ぶことも教えることも、学びたがることも教えようとすることも禁止されているのではないか。


次のような人生経験を語る人がいるとしよう。「誰でも皆、少しずつ悪いことをしているのをたくさん見てきた。だから私だって悪いことをしてよいのではないでしょうか？」。どこが間違っているのか。「だから」と推理することか、「でしょうか？」と訊くところなのか。

こっそりといじめる人も世間には多い。「いじめはいけない」と言う人が、ちゃんとひそかにいじめていることも少なくはない。子供たちは分からないようにいじめればいいのかと学習する。

規則を明示しないと分からない人、明示しなくても分かる人がいる。分からない人はKYと呼ばれる。分かる人には分かり、分からない人には分からない。「空気」「常識」、それを知りたくて哲学を学ぶ人もいる。「空気」とはたいてい、その集団における権力の配置関係を指している。二人の人間が対立する指示を出した場合、どちらに従うべきか。誰かがつまらないオヤジギャグを飛ばした場合、つまらなくても笑うべきかどうか。それはすべて権力の配置図によって妥当な行動が決まる。

権力の上下関係に目ざとく、普段からマウンティングなどの権力関係の確認を行ったり、自分の順列を少しでも上げようと努力している人は、「空気」が分かる。お人好《ひとよ》しの善人は空気を読めない。権力のランキング向上競争に出遅れてしまう。腕時計もスーツも話し方も読む本も、すべては権力競争で上に行くためのツールだ。

私と他者の間にある権威や権力の順番と秩序、それはときとして見えにくいものとなる。だから言葉に出して訊いてみたくなる。わざと失敗したり、冗談を言ったりして、どこまでが許容範囲なのか、自分はどの辺に位置しているのかを知りたくなる。

他者との関係性は、自分の中だけで成立していることではない。〈私〉ということが、「繭《まゆ》」のようなものであれば、〈私〉を生きるというのは、自分だけの夢を見続けることかもしれない。しかし、「自分の夢」とは自分だけの夢ということではない。

なぜ大学院に進むのですか。学びたいから。なぜ学びたいのですか。その先は答えがないとしても、「褒めてもらうため」ということはあるかもしれない。「がんばっているね」と褒めてもらいたい。かつて親から褒めてもらった記憶はあるけれど、もはや親がいなくなって大人になってからは、褒めてもらうことはなくなる。褒めてもらいたくて勉強し、努力する。学ぶとは「褒めてもらえるような関係」を作ることでもある。もはや褒めてくれる人がいなくなっても、褒めてもらえるような関係と褒めてもらえる実績を人は死ぬまで求め続ける。

結果ではなく、快の図式を充足することが求められている。タバコや酒にも似たところがある。アルコールを摂取するために酒を飲むのだと考えるなら、それは酒飲みをしらない。酒を飲むという回路を働かせることが重要なのだ。

アルコール依存者は、アルコール摂取による酩酊《めいてい》を楽しむために飲むのではない。エドガー・アラン・ポーは酒が大嫌いだったのに、アルコール依存症だったという。飲みたくない、おいしいとも思えない泥水を飲んで、酩酊している自分を嫌悪して、嫌悪されるべき対象である自分を忘れるために飲酒していたのだろう。

大嫌いな自分、生きている間付き合うしかない自分と早く別れたいから自殺する人もいる。自殺するのは、大嫌いな自分と別れるための方法なのだ。

自分の居場所と、この快の図式は通底している。居場所とは居心地のよい場所だ。居心地がよいとは、活動を停止し、睡眠を摂《と》ることではない。居心地のよい場所とは、自分の能力や権力や固有性を発揮し、それが伝わり、高く評価され、応答がある場面だ。力を行使し、それを享受できる場面だ。存在とは力のことだから、自分の存在を享受できる場面が居場所なのである。

魔法の世界では、透明マントを着れば自分の体は人から見えなくなるという。倫理学者はまた自分に返ってくる可罰性の攻撃から免れられるマントを手にすることはできない。倫理学者は不可罰性のマントを着ることはできない。

間違いだらけの自分と仲直りして活動するとき、世界はまた回り始める。

## 3. 世界の感触

幼子は世界の隅々まで食い入るように見つめる。世界に初めて触れるとき、世界はいつも新鮮で驚きに満ちている。幼子は、蟻もゴミも存在も宇宙も、なにかとても不思議なものを見つけたかのように、食い入るように見つめる。

人間は日常を生きるとき、世界に見入る方法を忘れている。課題として与えられた宿題と仕事と目的を達成するだけで毎日が終わってしまう。

大人は世界を見つめることを忘れてしまう。新鮮で驚くべき感動が毎日生じているはずなのに、暇な時間を持て余し、自分が生きていることさえ呪ってしまう人がいる。

昔「Eliza」という精神分析の手法を少し真似た、対話プログラムがあった。英語で短文を打ち込むと、ほとんどオウム返しに、ちょっと疑問文にして答えてくれる、人工知能のお試しプログラムだった。その類似品には「人工無脳くるみちゃん」というものもあった。何を打ち込んでも「わたし、わからない」と返答してくるプログラムだった。

そういった単純なプログラムでも、機械と思っていた事物が反応してくるのは新鮮な体験だった。学生達も三〇分間は夢中になる。すぐに飽きてしまうけれど。

ロボット犬の aibo が登場してきたとき、人間の言葉に反応する人工ペットは垂涎《すいぜん》の的であった。英語を学んで初めて外国人に話しかけて、返事が返ってきたときの感動を覚えている人は少なくないはずだ。返事は感動をうむ。

事物に衝突して、反作用が返ってくることは感動的ではないが、言葉という人工的な記号によって、相手がその記号で反応してくることは、しかも単なる反復としてではなく、新しい情報が付け加わって返ってくることは、新鮮な体験だ。二枚の鏡のように、同じ記号列の反復を期待する人は、新しい種類の経験や感情を扱うのに苦労してしまう。

細い道で人と人がすれ違うとき、一方が道を譲ろうと片側に寄ると、相手も同じ片側に寄ってしまって、鏡を前にした人間のように、何度か左右への往復運動が生じてしまう。

鏡像のように相手を写し取ってしまうこと、それは他者との関係が、一番基礎的な場面で直接的で、模倣のパターンを取ることを示しているのだろう。

しかし、反射することだけが繰り返されるのではなく、別の人間的な、倫理的な次元が付加される。そのとき何か新しいものが立ち現れる。

物理的な刺激に意味を乗せて相手に伝え、それが反復としてではなく、新しさをこちらに伝え、そして、そこに再びこちらの側から新しさを乗せることができることは、記号論的な原初状態なのだ。日常生活の中で、毎日言葉を使い続けていると、その原初状態に現れている奇蹟《きせき》的な創造が自明でつまらないものに見えてくる。

事実から規範が現れ、それが命令や依頼として、他者の心に入り込み、意欲や願望や反発として生成するとき、そこにもやはり倫理学的な原初状態が現れている。

倫理性が立ち上がる場面ということだ。「倫理的事態（status ethico-mōrālis）」と呼んでみよう。立ち現れる場面は、「生成状態の倫理的事態（status ethico-mōrālis in ratione nascendi)」ということだ。世界に初めて触れるというのは、新しい事態が立ち現れる場面に出会い、それを感じとることなのだ。その新しい事態が、その都度様々な呼ばれ方をする。

事実の中から事実ならざるものが現れ、それが我々に迫ってくるとき、倫理性が立ち現れる。感情や規範は、事実ではなく、事実に還元されることもない。事実でないところを有している。明日九時に駅で会う約束も何ら事実ではない。

事実ならざるものを非存在や虚構として斬り捨ててしまえば、倫理性が立ち現れることはない。世界は枯れ木が広がる森林のようになってしまう。

世界や他者との関わりは、模倣や鏡像の段階を越えて、規範性や欲望を備えることで新しい段階に入る。しかしそれだけでは、世界に初めて触れることにはならないと思う。「否定」の機能を持った言語が登場することで、世界は「双葉」、鏡の表と裏と言うべきなのか、世界の根源的特徴がそこに現れる。二〇世紀の哲学者メルロ＝ポンティはこの表と裏を持った世界の構造を「肉」と呼んだ。この「肉」というエレメントを通してこそ、人は他者や世界と出会うことができる。

否定という万能の道具を手に入れてしまうと、すべてを二つに切り分けてしまいたくなる。事実と虚構、真と偽、存在と非存在、肯定と否定、能動と受動といった二分法で考えてしまうと、分別する精神にはとても分かりやすい世界が現れるが、しかし同時にとても多くのものが破壊される。肉という概念は切り分けるのではなく、結びつける。

心が動き始め、多くのものに出会い、自分を作っていく道筋は、突き詰めてしまえばシンプルであっても、シンプルな作用の無限の反復が、途方もない多様性を生み出し、蓄積していく。

若いということは、経験した事実において貧しく乏しいことだ。しかし事実ならざるものを対象とすることで、豊かな者になることもできる。豊かさを手に入れる方法、それが希望だ。希望がなければ若者は貧しいままだ。

心は異物や外的なものを取り込み、同化しようとする。しかし同時に自らの存在を保ち続けようとする。心は切り離されて独立したまま「繭」のようなものとしてあれば、自分から動こうとしないから、他のものへの作用である欲求によって自らを動かすしかない。

他者や記号を学習しない心は、身体的欲求によってしか動こうとしない。強い快楽が眼の前に示されると動く。体の衝突や強い風によって人の体は動いていく。物理的に力強いものが人々を動かす。朝の駅の溢《あふ》れんばかりのプラットホームの人々を動かすのは真理ではなく、スピーカーから流される大きな音声だ。

しかし、人は時として弱い風によっても動く。拡声器の大きな声では動きたくないと思う。株価によっても、安売りの声によっても、つまり、目的や効用がほとんど物理的な効果を持っているような状況の中で動きたくはない。

納豆が一〇円安くなると、売り上げが三倍か四倍になるという。蟻のそばに砂糖を少し置くと、わっと集まるように、商品を少しでも安くすると、人は集まる。存在が語られても人々は集まらないのに。言葉としてまとめられた倫理学によって人が動くのではなく、風のごときものとしてある倫理学によって人は動く。

## 4. レアリスムの呼吸

人間が出会って、「おはよう」と言って「おはよう」と返ってくる。当たり前の光景だ。しかし、いくらお気に入りの茶碗《ちゃわん》であろうと、「おはよう」と言っても返事はない。誰もそこで立ち止まって考えることはない。茶碗は生き物ではないから返事はしない。自明の論理である。ただそうではありながら、山に登って「ヤッホー」と言えば、木霊が返ってくる。

中世の哲学者、ドゥンス・スコトゥスの生地であるスコットランドのダンスという村にある沼のほとりで、夏の寒さに震えつつ、霧に囲まれて、いかなる景色も与えられていないことへの呪詛《じゅそ》を込めながら、「ヤッホー」と言うとやはり木霊が返ってくる。何も見えない霧の中で、対岸に崖《がけ》のあることが「見えて」くる。答えを返さないはずのものが答えを返してくれること、そのことへの賛美を込めて、「木霊」という言葉と概念が出来上がったのだろう。

星空に向かって「きれいだね」と語りかけても、返事はない。星が瞬いて、キラリと光ったように感じたとしても、それは思い過ごしだ。詩人は自然に向かって語りかけ、自然と対話することができる。それは風変わりな人々の行状とされるけれど。

まして、宇宙や世界と対話をしているとなれば、存在との対話をしているとなれば、狂気の沙汰《さた》である。まともに現実世界の中で生きていくことはできない。確かに生きていくことはできない。しかし、そのような習慣を不思議な感じもなく当たり前に身につけてしまった人がいたとしたならば、その人は単なる正気を失った人として、片隅の木箱の中に隠されるべき存在なんだろうか。

カトリックの聖人、アッシジのフランチェスコは、鳥や魚や狼に説教したとされる。そして、そういった生き物たちは返事をしないとしても、耳を傾けていたとされる。ただの伝説であり、おとぎ話である。合理的な頭はそう考える。そしてそれは正しい。しかし正しさが何だというのか。

呼応、コレスポンダンス。詩人のボードレールが好んだ言葉だ。宇宙との間の呼応関係があるというのだ。宇宙が呼びかけ、それに自分が応《こた》えているという感覚。それに憧《あこが》れる人は多いのか少ないのか。私は分からない。私はそういった呼応を当たり前のことだと思っていた。不思議に思いもしなかった。子供の頃、実家の裏にあった森の中で、樹々や草むらに話しかけていたのは、友だちのいない山奥の子供の奇妙な習慣だと思い、思い出しもしなかった。しかし、樹々が語りかけ、それに応えることを珍しいこととも思わず、それは都会では語ってはならないことと悟った人間は、それを隠蔽《いんぺい》して生きるしかない。

哲学者のメルロ＝ポンティの『眼と精神』という美しい哲学論文の中に、アンドレ・マルシャンという画家の書いた一節がある。

「森のなかで、私は幾度も私が森を見ているのではないと感じた。樹が私を見つめ、私に語りかけているように感じた日もある……。私は、と言えば、私はそこにいた、耳を傾けながら……。画家は世界によって貫かるべきなので、世界を貫こうなどと望むべきではないと思う……。私は内から浸され、すっぽり埋没されるのを待つのだ。おそらく私は、浮び上ろうとして描くわけなのだろう」。
（アンドレ・マルシャンからの一節、メルロ＝ポンティ『眼と精神』滝浦静雄・木田元訳、みすず書房、一九六六年）

森に見られるというのは、受け身の受動的な体験を語っているのではない。森との全身全霊を通じての、真摯《しんし》な、夢中になった、今ここへの意識の集中・〈注意〉を指している。〈注意〉とは意を注ぐこと、惜しみなくすべてを注ぎ込むことだ。だからこそ、それは交感・呼応・照応（コレスポンダンス）でもある。

長いこだまが遠くから交わり合うように、
そこでは、夜のように、光のように、広漠とした、
まっ暗くて、深い、一つの統一のなかに、
応え合うのだ、匂いと色と音が。

（ボードレール「交感」『フランス名詩集』井上究一郎訳、筑摩書房、二〇〇六年）

人はリアリズムを悪く言う。主観と客観とに分けたあとで、事物の存在を素朴に前提し、その手つかずの実在への接近を無邪気に真理と思うことは、痛々しい考えだ。リアリズム、いやボードレールを讃《たた》えてフランス語で表現すればレアリスムは、事物に心が吸収されたあり方を指すのではなく、事物との交感を指している。交感とは一つになっていることでもある。だから、主客合一と呼ぼうと純粋経験と呼ぼうと大きな違いがあるのではない。〈私〉という存在者は、世界によって発見されるべく存在しているように思う。〈私〉が考えることで世界を発見するのではなく、世界によって発見されるべく存在している。〈私〉は後から発見されるのだ。もしそうでなければ、なぜ多くの人が、「自分」や「アイデンティティー（自己同一性）」を探し求めたり、「〈私〉とは何か」があれほど問われたりするのか。

「〈私〉が思惟《しい》する」という場合の「思惟する」の文法上の主語や、チェシャ猫という基体・主体なしに、「ニタニタ笑い」という偶有性が存在することの困難さ。それゆえに導入される、作用を支える器のようなものとしての「主体」であれば、論理学の地平においては存在を要請されるが、それは紙の上の〈私〉でしかない。そういう〈私〉は、〈私〉が六つの面にさいころと同じ数で書かれている、「〈私〉さいころ」を作って、そのさいころ遊びでも手にはいりそうだ。

詩人の役割、宮崎駿《みやざきはやお》の役割、漫画家の役割、哲学者の役割は、世界に穴を穿《うが》って、〈私〉が発見される視点を見つけることだ。

「表現者」という存在が、表現することで、世界と〈私〉とを発見するものであるとすれば、「存在の天文家」は、蒼然《そうぜん》たる天球面に地球を見やるための光る視点を穿つように〈私〉という星を発見する。〈私〉とは、〈私〉がいなければ、主人公のいない世界の物語が繰り広げられることになるような、主人公でもあれば観客でもあるような存在だ。

価値というのは、〈私〉が世界という舞台で筋を追って動けるようになるために、星から下ってくる、導くための光の糸のことなのだろう。価値を発見し、価値を付与できる者は創造者なのだ。文献を読んだり、概念を操作したりしても哲学になるんだろうか。「こんなに面白い！」という発見。「人生って、こんなに面白い！」と発見し、伝えられるのが倫理学者だと思う。〈私〉は天球面に設定された中心点と対応する片割れなのだろう。

## 5. 絆とは何か

二〇一一年三月一一日、東日本大震災。あのとき、「絆」という言葉が支え合うための合い言葉として用いられた。二〇〇四年一〇月二三日、新潟県中越地震のときには、平原《ひらはら》綾香《あやか》の「Jupiter」が応援ソングとしていろんなところで流れた。「ひとりじゃない」という歌詞に、電波を通じて、連帯の気持ちが伝えられているように感じたのだ。「絆」という合い言葉が、夜の孤独な時間をいやしてくれるのは一部分だとしても、言葉という記号でさえ、人間の体温を伝えるメディアとしての働きを不完全ながら持っていることを示したような気がする。

倫理学は、ひとりぼっちの営みではない。「学」が付いているかどうか、そんなことはどうでもよい。「倫」という字そのものが、一つ屋根の下で多くの人が暮らし、それが差別なく営まれていることを示している。公平な扱いということなのだ。倫理学は人との関係を必ず含んでいて、規則や規範、目的や快楽に還元されるものではない。他者との関係が示されない倫理学は「ぼっち倫理学」と呼んでよいだろう。倫理学は暗黙の仕方であれ、いつも関係性・絆を含んでいるのである。それを忘れてしまうと、倫理学ロボットによるマシーン倫理学になってしまう。

絆を組み直すこと、それが様々な場面で起こる。結婚もその一つである。親との絆、それは生物的にも、物理的にも経済的にも心理的にも、長い時間をかけて形成された絆だ。しかし、その絆は乗り越えられるべき、組み直されるべき絆なのだ。その絆の事実的な強固さを越える、新しい絆の形成への動機、それは理性や功利性によって形成されるものではない。

合理性を越える契約は、親や親戚《しんせき》や有力者による命令か、さもなくば合理性をも投げ捨てようという情熱によってのみ、結ばれる。それを「運命」と呼ぼうが、「愛」と呼ぼうが、それはどちらでもよい。そういう事柄を、「よくあることよ」と醒《さ》めた眼で醒めた心で眺め、「観察者」に徹するのか、その場面に参加して、舞台に上って「演技者」になろうとするのか。その選択によって人生の道は変わる。

学者は「観察者」として出来事を記述することに徹する者が多い。「観察者」は出来事の移ろいやすさを憎み、移ろいやすい情熱もその場で生き殺しにしてホルマリン漬けにするか、瞬間冷凍にしようとする。変化しない永遠なるものこそ、「本質」だと考えれば、「生きている」ことは変化することだから、「殺して」しまった方が「本質」は直観しやすい。死んだ本質をビンに入れ、それを棚に並べることが、本質を集め、体系を形成することであるとすれば、死んだ情念の博物館こそ、「情念論」が博物館として完成する姿である。「生きている」ことは、本質として捉《とら》えられることを逃れる。生きた魚が捕まえられても、ピシッと跳ねて逃れるように。それを生の跳躍（saltus vītālis）と呼ぼう。死の跳躍＝とんぼ返り（saltō mortale）と対比的な意味で。

常に生き生きとして、活力に溢れ、人柄も善くて、知恵もある、というような人間は、テレビのドラマにはよく出てくるが、現実はそれほど多くはない。そういう人は、自分の夢を自覚し、自分が何をしたいのか意識し、効率的に進める途《みち》を知っている、ように見える。しかし自分探しがいつも人生定番の問いとなるように、自分が何をしたいかは、直接的に明証なことではけっしてない。

「自分のしたいと思うことを、しなくてもいいんですか？」「そうだ、自分のしたいことは義務ではない、してもしなくてもよいことだけが、したいことになれる。自分の夢も義務ではない。自分探しは義務ではないんだ」。

毎日塾通いをしていると、全力で出来事に向かっているか、何かに駆り立てられていないと、怠惰な生活をしているように思えて、罪悪感を覚えるようになる場合もある。いつも全力でがんばっていることが正しさの証拠と考えているようだ。「振り込め詐欺」に加担して全力で仕事をしても正しいわけはない。全力でことに当たっていると達成感が生じて、その達成感を正しさのしるしのように感じてしまう人もいるかもしれない。

「全力」や「がんばる」ということは、人間を誤らせやすい。この努力強迫観念症が「したい」ことにも応用されると、ものすごく、切実に「したい」ことが本当のしたいこと、本当の恋愛とは強く激しく相手を思うことだと勘違いしてしまう。

強すぎる感情は依存症だ。

幸せとは何だろうかと考えるのは、少なくとも幸せになるためにあまり役立ちそうにもない。

「幸せとは何か」を考えることと、「幸せになること」との根本的違いがどこにあるのか、それは大事なところだ。恋愛論を何冊も読んでも、古今東西の恋愛論をすべて読破しても、恋愛を経験できないことと少し似ている。幸福や恋愛は認識ではないということは当たり前だが、ときどきつまずいてしまう。人生もそうだ。人生は認識ではない。勉強するのは、認識の行為だ。認識は真理を目指すが、真理が人生のすべてではない。

幸福とは定義されて話が済むような概念ではない。国語辞典で幸せの定義を調べても、古今東西の幸福論を読破しても、幸福になれる可能性は減りはしても増えることはなさそうだ。机にしがみついて、幸福論を読みふけっているとき、窓の外を幸福が気づかれないまま通り過ぎて行ってしまうこともある。

幸福が何であるか分からないからといって、目的地を決めないまま電車の切符を買うことと似ているかといえば、少し違っているように思う。新海誠《しんかいまこと》の『君の名は。』に「ずっと何かを、誰かを探しているような気がする」というセリフがあった。

「そぞろ神の物につきて心を狂わせ、道祖神のまねきにあいて、取るもの手につかず」と書いてあるのは松尾芭蕉《まつおばしょう》の『奥の細道』の冒頭だ。「そぞろ神」は、なんだか心をそわそわさせる神様のこと。春先になると、無性にどこかに出かけたくなる。どこに行きたいのか分からないけれど、どこかに行きたいのだ。目的地があってそこを目指すのではなく、まず出かけたい気持ちがあって、しかしどこでもよいわけでもなくて、出かけることを成立させる目的地を探すために出かけるのだ。たぶんここでも最初に考えられるべき目的地は最後に見つかる。

行くところは決まっていないのに、どこかへ行きたいときに、目的地はない。人生に目的がないというのは、それと同じことなのだろう。風に吹き着く目的地がないのと同じように。

# 第七章　ぐずぐずの倫理学

## 1. 老いと孤独

老いるとは孤独になることだ。若い頃はまたいつか会うだろうという希望があったが、老いると、もう死ぬまで会うことはないかもしれないという落胆がある。病もそうだ。人を訪れることはできないし、人が訪れることもなくなる。死ぬまで会うこともなさそうな人、記憶にはしっかり残っていても、日常業務をこなすのに時間をとられ、年賀状を出す気力も失われる。

「昔の自分巡り」で出かけたい場所も会いたい人も、たくさん心には思い浮かぶが、まどろみのなかで、その思いはときどき現れては徐々に消えて行ってしまう。長生きすることのご褒美は、こういうことだったのか。長生きを「寿」と表現したのは、平均寿命が四〇歳ぐらいの時代のことだったのだと思う。

今日もまた誰とも会う予定がない、明日もそうだ。「老いと孤独は人を愁殺する」のである。「愁殺」、心に染みる言葉だ。「殺」は「殺す」ということではなく、「程度の甚だしい」ことであり「ひどくわびしがらせる」ことだ。「悩殺」は「ひどく悩ませる」ことだし、「笑殺」は「ひどく笑わせる」ことだ。

悩殺でも笑殺でも人が死ぬことはないが、愁殺において人が死ぬことはあり得る。「老い」を哲学することは難しい。私が卒論を指導した学生は、私より年上で七〇歳を超えているが、胃がんの手術をして以来、老いとは何かを考えるようになったという。彼はまたマラソンができるようになるまで元気になった。卒論のテーマは「老いについての哲学的考察」。東西の哲学者の老人論をまとめたいという。彼と一緒に調べていったのだが、古代ローマではキケロ、セネカとかはあるし、東洋でもあることはあるが、老いることの弊害を挙げて、弊害にどのように立ち向かい、心構えをして、穏やかに死んでいけるかを書いたものがほとんどである。長生きすることは罪の状態なのか？

老人であることの積極的意義を書いた本はほとんどない。赤瀬川原平《あかせがわげんぺい》の『老人力』ぐらいである。しかし、この本さえ正面から積極的意義を説いているわけではない。

生きる者の光というのもあるが、死にゆく者の光も私はあると思う。人間一人一人はオーラを備え、光っている。仏性は誰にでも備わっているから。朝のラッシュの人混みが光の波に見えないとしたら、霊的な目の視力は悪くなっているということなのだろう。私も光の波に見える時が来てほしいと思う。事実しか見えない目は、見えないものをあまりに多く持っている。

アッバス・キアロスタミの映画に、『そして人生はつづく』（一九九二年）というものがあった。彼はイランの映画監督で、約三万五〇〇〇人の人が亡くなった一九九〇年イランでの大地震のあと、友達を探しに被災した村に出かけた半ドキュメンタリーの映画だった。人生の現実はいつも重々しく、悲惨な出来事が自分に訪れると、最初はどう受けとめたらよいのか分からず、どんな感情を持つべきか分からない場合もある。悲しむべきことだと頭では分かっていても、悲しみがついてこない、感情が萎縮《いしゆく》して働かないのだ。

現実というのは、目の前の出来事に注意を向けていることで成立する。世界という次元、地平と現在という点において、接触が生じていて、注意の度合いによって、世界に接する鋒《きつさき》が鋭くなったり広くゆったりしたりする。注意の度合いが激しく強いとき、過去や未来が加わってくることは減るが、多くの場合、現実という接点には過去と未来が入り込んでいる。過去は記憶として、未来は夢として関わり、未《いま》だ現実化していない未来・夢が牽《けん》引《いん》しているように働く。もちろん、夢が牽引しているのではない。過去が現在において後押ししているのだ。それを夢が引っ張っていると目的論的に考えがちなだけだ。その夢もまた、実現すると、消えてしまう。

夢が夢として生きている限り、夢は人々に力を与える。夢が実現してしまうと、夢は人々に力を与えることはなくなってしまう。夢は実現していない限りにおいて夢なのである。

夢は実現しない限りで笑顔で応援してくれるが、実現したとたん、背中を向けて冷たく去って行く。目的もそうだ。夢も目的も裏切ることがその本性に含まれている。

では、幸福な死に方をしなければ、幸福な生き方をしたことにはならないのか。アリストテレスは、幸福であるためには幸福な死に方をしなければならないと述べる。リア王は不幸なのである。アリストテレスにおいては、格好悪い死に方は不幸なのだ。しかし、そんなことをいうのであれば、アヘン中毒で恍惚《こうこつ》のまま死んでいく者は幸せなのか、そうアリストテレスに問うてみたい。苦しみの中でも気高く死んでいく者は不幸なのか、幸か不幸かを分ける規準は、快の有無なのか。切腹していった武士は全員不幸であるということを倫理学の格率にしたいのだろうか。

ここでは、答えはないが、そのことが答えはあるということなのである、と考えて話を先に進めたい。もし一つに答えが決まってしまっては、人類の営みは維持されない。人それぞれの答えが正解なのであって、一つに定まらない。その意味では答えはないし、あってはならない。つまり、人生に目的があると答える倫理学すべて偽りなのである。「幸福」が答えなのだろうか。しかし、幸福もまた定義できるものではない。目印なのだ。「目印」と「答え」は異なる。

人生を何に喩《たと》えればよいのだろう。それは人の好みによる。自分の感動を日本酒一升瓶で換算しても何ら差し支《つか》えない。大学に合格した喜びを、一升瓶一二本分とか、ボーナスが出たうれしさを一升瓶一〇〇本分と表現してもよい。

いや、むしろ人生は「花」だ。そう喩えて違和感を覚えない人は多いだろう。世阿弥《ぜあみ》は、「花」を語った。世阿弥は「花」を定義などしない。「見どころ」と考えればよい。しかも見どころは、つぼみの時から、花が散って枯れた後までいつもある。満開の桜の時ばかりが花見の季節なのではない。散り終えた後の桜の園で花見をする人は少ないが、兼好《けんこう》法師が「花は盛りに見るものかは」というように、どんちゃん騒ぎだけが祭りなのではないと思う。

桜は花が散っても生きているし、花を咲かせるために桜なのではない。桜は満開の花を咲かせるために生きているのではない。人々は桜の「目的」を満開の桜にあると考えてしまう。満開の桜を見るために、桜を植えるのだから。桜の「目的」は花の満開にあるのではない。もし目的がそこにあるとすれば、桜は満開のときに固定されてしまって、特定の時間の中でしか生きられない。

人間の人生もそうだ。人生は幸せになるためにあるのではないし、もしそう捉《とら》えてしまうと、幸せでないときは、幕間《まくあい》の休憩時間になってしまう。

## 2．救いとしての倫理学

「リンリガク」、とても怖い響きがする。巨大なハサミを持った怪物に追いかけられそうな雰囲気がある。そして、政治倫理、放送倫理、研究倫理などなど、良心に訴えかけて、自発的に守るべき規範として、内面に訴えかけて、人間を誘導しようとする。法律のように外側から規制する規範としてではなく、内側から縛り付けるのが狙いのようだ。

善と悪とを探求し、善の規準に合致しないものは悪として選別し、懲らしめ、外部に放逐する、閻魔《えんま》様のような存在だ。リンリガクの前で嘘をつくと舌を抜かれる。そう捉《とら》えれば、リンリガクは切り捨てるために、裁くためにある。その役割は天の命じる秩序を維持することである。リンリガクが閻魔様であれば誰もが敬して遠ざける。

自分のことは棚に上げて、悪いことを見かけるとこんな悪い人がいましたと先生や偉い人やツイッターに訴える人がいる。リンリガクは、幸福そうに生きている人を谷底に突き落とすためには、便利な手押し車になる。

人間は善意の塊というより、エゴイズムの塊だ。嫉妬《しっと》心と攻撃性に充《み》ちた生き物だ。しかし、嫌な生き物ではない。エゴイズムという割には、エゴ（自分）ということにとっての利益を整合的に追求できないから。自分自身にとっての利益でさえ、執念深くは追求できない。

嫉妬心や攻撃性に充ちているからといって、悪い生き物だと考えるとしたら、天使の国でしか住むことはできない。人間の国に住む限り、利他心と善意と隣人愛に充ちた世界をこの世に実現しようとすれば、不可能性を目にすると絶望して、世界破滅を願いかねない。

すべてを善にしようとするのは、悪魔的な願いなのだ。

天が権力であるとすれば、それは権力の走狗《そうく》としてある。天が悪を善から摘出し、善の外部に放逐するものではなく、善と悪とを併せ呑《の》むものであるとするとどうなるのか。

「リンリガク」へ、そういう響きはあまり好きではないが、音の響きがもたらす感覚は、その実態がいかに働くかで変わってくる。「スコラ哲学」だって空疎難解無用錯雑の権化の響きがしていたが、使われつづけて、最近は雰囲気が変わったと思う。「リンリガク」も、それがなす仕事によって、響きのもたらすイメージも変わってくる。イメージが変わっていなければ、人の眼につく仕事をしていないということなのだろう。

「倫理学」とここからは記そう。倫理学は個人を切り離し、その個人のためだけの善を目指すものではない以上、共同体のための言説だ。しかし、だからといって、共同体の善を求めるのは、権力に協力することによってしか成り立たないのではない。支配者が戦争に向かい、国民全体の協力を求めるとき、反対することは敵を利することだけにつながるのではない。それを共謀として犯罪とするのが国のためになるのか分かりはしない。

救わない倫理学とはどういう倫理学なのだろう。閻魔様のようではなく、観音様のような倫理学はないものなのか。

『幸福論』と題する本はたくさん出されている。「幸福学」という学問が話題になっている。ところが、「不幸論」や「不幸学」というのは、とんと耳にしたことがない。不幸になるのはとても簡単で、不幸が何かなどを人から教わる必要はないのである。たった一日で誰でも不幸になれる。誰でも不幸はよく分かっている。ところが、幸福はなかなかなりにくく、またなんだかよく分からないようだ。幸福と不幸は、ネガとポジのように裏返しでもなく、逆対応もしていない関係にあるのかもしれない。幸福と不幸は非対称的なのだ。満員電車の外を見ると、いつも青い鳥が飛んでいる。青い鳥はぎゅうぎゅう詰めの車内とは全く逆の状態で、自由に快適に電車の隣を飛んでいる。満員電車を降りたとたん、青い鳥は見えなくなってしまう。

一生懸命がんばっていれば、いつか神様が目をかけてくれる、とにかくがんばろうというのは、素晴らしい心構えだ。しかし、手順や段取りや他の人の都合を考えないで、ガムシャラにガンバル人というのは、成功して上の地位に立っていたりするから、ガンバリズムが弊害を起こしてしまうことも多い。

ガンバリズムは失敗の口実・言い訳になると考えたり、頑張っていないことを非倫理的な怠慢であるかのように考え自罰的になって、ウツ状態に陥ったりする人も少なくない。

子育てでも勉強でも、全力でやらないといけないのではないかと思ってしまう。もちろん、初めのうちは未体験のことであれば、全力で取り組むしかない。しかしいつも全力で取り組む必要などない。

手を抜いていることに罪悪感を覚えてしまう。いつも全力でやっていなければいけないという強迫観念が、自分をも他者をも縛り付けてしまう。手抜きした方が良いことも多い。

全力で取り組んでいるつもりで、うまくいかない場合、うまくいかないことの責任を誰かにとらせ、責めようとする。うまくいかない原因を周りの人間に向け、「こんなにがんばっているのにどうして協力してくれないのか、どうして教えてくれないのか」と責める。対象に向けて、「こんなに愛情を込めて尽くしているのに、どうして応《こた》えてくれないのか」と責める。「こんなに努力しているのに、なんて私はダメでぐずな人間なのだろう」と自分を責める。

誰を責めても、幸福な結果はあまり期待できないのに、不幸になろうとしているかのように、誰かを責める。

大事なのは、認識を変えることだ。うまくいかないことはよくある、誰が悪いというわけでもない、人間とはそういうものと思えればよいのに、「こうあるべき」という、小姑《こじゅうと》のような倫理学を自分で自分に課してしまう。

全力を尽くすことが美徳であるという、バブル時代に真っ盛りな「ブラック企業倫理」を人に対しては批判しながらも、自分で自分に課してしまっている。「ブラック倫理の自己還帰《かんき》的適用」と呼ぼう。

自分はこんなにがんばっているのに評価されないというのはたいてい、人の努力に眼が行っていない人である。

要するに「裁く倫理」よりも「救う倫理」の方が求められているのだ。

## 3．倫理学と尺度

人にはきびしく自分には優しい人がいる。周りの人が時間に遅れると、みんなが迷惑するんだと上から目線で説教するのだが、そのくせ自分が遅れると、「のっぴきならない用件ができてね」と、自分のことはさっと棚に上げる。「自分だけは別規準」なのである。自分は特別だから、みんなが守るべき規則も私は例外と考えるのだ。倫理学的例外者をつくり、それが〈私〉だと思うのが、エゴイズムである。

誰にでも当てはまる規準・目盛りがあると、「君は普通より厳しいよ」とか「君は普通よりがめついよ」と言える。人様の事に口を出すためには、誰にでも適用できる基準があるとよい。倫理学は共通の尺度を求める。するると、客観性への道を一歩進むことができる。倫理学者は、人の身長を物差しで測りながら歩きはしないが、人の行動については、正／不正、善良／邪悪、誠実／不誠実といった物差しで、街を歩く人々を計測しているのかもしれない。自分のそういった行為を計測すると、どこでも使える万能の物差しにはならないから、自分のことは棚に上げて、物差しで測られないようにする必要がある。

倫理学は「べき」を追求し、その「べき」は、独断的な個人の命令ではなく、客観性を持ったものであることを追求する。しかし、法律ならば一つの国内で成立する客観性は成り立つが、倫理学となると、「嘘をつくな」の一つでも客観性や普遍性を持っているかいかがわしくなる。

人間はその都度その都度の判断に疲れてしまう。繰り返していると、必ずどこかで誤ってしまうし、またそのことが分かっているから、不可謬性《ふかびゅう》のマントを着ることはできない。判断の代わりに、客観的な基準を求め、それに寄りかかろうとする。そうすれば、規準に満たない者を切り捨てることができる。

尺度や標準に収まらないものを全体の秩序を維持するために切り捨てると、「全体」の状態は善くなる。全体を善くするために、「全体」を修正解釈してしまうのだ。共通の尺度に搦《から》めとり、尺度に合わなければ規格外として切り捨てる。そうすれば、人類は「全員」が幸福になれる。異教徒は人間ではないとして切り捨てればよいのだ。

不幸な人々を人類から取り除くか、考えないようにすれば、人類は全員が幸福だと言えることになる。このように一部の人を犠牲にしたり、無視することで、全体の状態を把握することを「犠牲則」と言う。この犠牲則というのは、頂点に立つ人にとってはありがたい原理だ。「真理とはすべてのことを見ることに存するのではない。見るべきことを見ることこそ賢者の徴《しるし》である」という命題を、自家製哲学書の冒頭に置いておけばよいのだから。

「必ず」「絶対」をしょっちゅう使う人は命令好き、強めに言うのが好きな人だ。しかし、

「必ず」「絶対」を使ってばかりいると、大安売り状態になって、単なる強調の意味しか表さなくなる。本人は「絶対」の意味で使いながら、効果としては「絶対でなくてもよい」ということを表明しているわけだから、強めの言葉の割には、でたらめな人でもある。人間は「必ず」や「絶対」を遂行できない。だから「神が望むならば」という言い方がある。「必ず」や「絶対」を多用する人は、それを強めの表現だと思っている。それを文字通りに解釈する人は、そういう言葉を理解できない。そういうフツーの人はでたらめな人なのだ。

強い言葉を使いたがる人がいる。三〇〇〇円と言うべきところを、三〇〇〇万円と言って笑わせようとする人々だ。少しぐらい遅れてもいいだろう、どうせみんな法律を少しは破っているんだ、おれも少しは破っていいはずだ、正直者は馬鹿を見る、おれなんかこれまで一度も法律を破って捕まったことがない、とかなんとか。

人生が救われるとはどういうことなのだろう。幸福になることが救われることだとしても、幸福とは何なのか。いや、「幸福」とは何かということもさることながら、「幸福とは何か」を問うというのは何を問うているのだろう。「自分とは何か」を問うてもよい。

「私は誰か」と問う人に対して、指で指して、あなた自身だと教えてあげることもできるが、それによって何かを答えたことになるのだろうか。高速道路で並んで走る車の窓から「お元気ですか？」と尋ねられても答えにくいわけだが、それとは別種類の答えにくさが「幸福とは何か」という問いにはある。

大事なのは、「幸福論」にその答えはないということだ。幸福論は、優しそうな、困っている人を救ってくれそうな雰囲気を漂わせているが、実はとても冷酷な思想かもしれない。私はとても嫌いである。いろんな幸福論を並べておいて、答えを出してくれるような流れで進みながら、最後は自分で決めましょう、とズドンと落ちる。もちろん、幸福の答えを強制するのは、親切に教えてくれるのは、マインド・コントロールかいかがわしい新興宗教だから、表向きの表情で判断してはならないのだが、ちゃんとした幸福論は冷たく冷徹であるべきだ。

空腹のときにパンを求めて人に近づき、親切そうに応対してくれる人が石をぶつけてきたら、それこそ残酷だが、幸福論もパンの代わりに石を手渡してくれるようなところがあるから、親切には見えない。

心が寂しいとき、何を求めればよいのだろう。「居場所」の方がよさそうだ。自分の居場所というのは大事なことだ。居場所とは自分の帰るべき場所だ。

大人になるということは、帰るべき場所から離れて、自分で居場所を作ることだ。子供に自分で居場所を作る余地を与えないで、親のほうで作り、こんなよい場所を準備してあげているのにそこに住まないのは親不孝だと、子供から〈自分〉を剝奪《はくだつ》しているのに、それが愛情だと思っている親もいる。いつも一緒にいることが愛ではないのに、癒着が愛だと思うのだろう。胎内に子供を取り戻すことが究極の姿になる。

居場所は心の安らぐ場所だ。しかしそれは、初めから与えられたものではない。作られるものだ。その心のあり方が「ハビトゥス」というものだ。これを「習慣」と訳すと、外側だけの感じがする。

専業主婦という居場所は居やすいのか居にくいのか。一概には決められないが、居心地のよい居場所とは限らない。〈モノ〉や知識を集めることで居場所はできるのか。居場所を作るとは、「巣（ネスト）」を作ることだ。「世界」を居場所にできる人は、きっと普遍的宗教を考えられる。居場所とは、尺度が適用されることがなく、したがって切り捨てられることのない場所なのだ。

## 4. 主人公のいない舞台

〈私〉は自分の人生の主人公なのだろうか。「この世は舞台、人は皆役者」とシェイクスピアは語った。注目の焦点となる役者ではなくて、借り物の体の中で借り物の人格のまま、与えられた人生の筋書きをこなすということだろう。

人生が舞台であるならば、倫理学はうまく演じることを教えるだけなのか。リアルな倫理学と絵の中の倫理学という対比だろうか。絵の中の倫理学は美しいが、実物の倫理学はむさくるしかったりする。

シェイクスピアは「人生は二度繰り返される物語のように退屈である」とも語った。名声の絶頂四九歳のときに突如劇作家から引退してしまったシェイクスピアもまた、希薄な空気を吸って喘《あえ》ぎ続けていたのだろう。いや、経済的成功と社会的成功によって、燃え尽きてしまったのか。判然とはしない。

ともかくも、同じ話を二度聞いて退屈とは限らない。落語は同じ話を聞いても、筋を追いかけているのではないから、オチを求めているのではないから、何度聞いても、同じ落語家で同じ話を聞いても、退屈ではない。退屈とは褒められないことを含意している。褒められる人は暇ではないし、退屈していない。

人生とは夢のようなものなのだろうか。しかし夢とは何か。夢とは追いかけるものではない。追いかけているものが「夢」となるのだ。夢を探すと夢は逃げていく。日々はこなすべき事柄の山、雑事の山であって、夢を見る者は夢想家として現実から離れていく。毎日毎日、目の前の用事をこなしていくうちに、人生はあっというまに終わってしまう。そういうものが人生なのである。夢を見ることができ、それを追いかけることができるのは、ほんの一握りの人々だけである。

夢を見るとはどういうことなんだろう。「ボールを投げる」「ボールを見る」というように、自分とは異なる対象に作用を及ぼすことではない。英語でもその辺を少し考えた表現ができている。

sleep a sound sleep「熟睡する」、sleep one's last sleep「永眠する」。生きるというのも

似ている。live a happy life「幸福に生きる」、live a philosopher's life「哲学者の人生を送る」。こういうのを文法的には「同族目的語」というらしい。

私はこの同族目的語というのが気になる。他動詞でも自動詞でもなく、いわゆる「再帰動詞」と似ているところがあるのだ。再帰動詞とは、behave oneself「振る舞う」というように、作用が自分に返ってくる動詞のことだ。自分は対象ではない。むしろ、自分を振る舞うのではなく、振る舞うことで自分が現れる。

「湯を沸かす」と言うが、これは水を沸かしてお湯ができるということだ。しかし、水を沸かすとはふつうは言わない。「お風呂《ふろ》を立てる」「お茶を点《た》てる」と言う。立てて風呂になるのだし、点ててお茶になる。お風呂もお茶も工程の最後に現れる。

夢もまた、枕の上にぶら下がった物体のことではない。夢が天井から頭上にぶら下がった梅干しのようなものであれば、毎日同じ「夢」を見ることができる。人生の夢を見る場合も、夢は最後に現れる。ところが、最初に出来上がったものをもとめる人は多い。「人生夢カタログ」のなかに書かれているものの番号を、五択の客観式テストのなかから選択するのと同じ構造をしているわけではない。

青い鳥を探しあぐねて戻ってきたチルチル・ミチルに、GPS機能付きの青い鳥探査装置を渡して、「この機械で探してくると見つかるよ」とアドバイスするような人が増えているかもしれない。

自分という物語が書かれた書物を探しに、大型書店や国会図書館やアマゾンで検索を重ねるのは賢明なことなのだろうか。これは、人間のイデアを探すために、地球上隈《くま》なく調べることに似ている。地球上や宇宙空間に神を探すこともそれと似ている。

現実世界の悉皆《しっかい》調査で見つけようとする心、見つかると思う心を砕くためにイデアという考えは見出《みいだ》されたはずだ。

幸せは人生の偶然性だ。幸せはこの世にない、ということと同じ意味である。来世にあると言っても同じことだ。来世を現世の中に探そうとする人はいつも存在するのだが。

幸せが偶然性だとしても、毎日賽子《さいころ》を振って決めたり、行き当たりばったりでやり過ごすことはできない。分別を持って、生きていく必要はある。

ところが、概念を分けて、筋道を立てて語ることは、簡単なことではない。哲学的議論というのは、ほとんどいつも概念の整理で終わる。概念の整理のために議論が白熱し、時間がとられる。しかし私自身は概念の整理にはあまり興味がない。分かってみれば、いつも当たり前の話なのだ。

もちろん、当たり前の話を当たり前のものとして流通させるのはとても難しい。人間世界の多くは、どうでもよい怒りや嫉妬や好き嫌いや勝ち負けや見栄《みえ》や妬《ねた》みでできている。事実を素直にありのままに見ることのできる人間は滅多にいない。情念を取り去った世界は透明な世界だ。スピノザはそういう世界を目指した。ただ、清水に魚が棲《す》まないように、透明な世界に存在できる人間は例外的な存在である。

筋道を見定めること、それはそれで重要だ。経済学が発展しても、それを裏切り、出し抜く者が経済的成功を収めることができる。海の一滴が空に昇ろうとするならば、海の中に留《とど》まってはいられない。

私は筋道を通す論理が大事だということには全面的に賛成だ。にもかかわらず、筋道が立っていて、分かりやすい思想には心がざわめかないし、見せかけの神秘主義にも心は動かない。こんな訳の分からないことを書いていると思える文や思想に出会うと、この人は何のために書いているのかと気になるのだ。金儲《かねもう》けや目立つためといった底の浅い文章はすぐに分かる。しかしときとして、「お前は何のために考え、思想を紡ぐのか」と問いかけたくなる人に出会う。生きていようと死んでいようと。

人生は分別だけで乗り越えられるものではない。感覚も必要だ。人生を生きるための感覚は何になるのだろう。人間を嗅《か》ぎ分ける鼻というのだろうか、人間は同じ「匂い」のする人間がお互いに何故か嗅ぎ分け合うことによって、仲間を探し出し、集まる。とてもよいことだ。同じ匂い同士、同じ「体臭」の人間が集まれば、本当によい仲間が出来上がる。鉄道仲間でも釣り仲間でも酒飲み仲間でもよい。効率や目的に還元吸収されない、身体的・肉体的・生理的な繋《つな》がりが大事なのだ。

概念や理念や利益における結びつきはボロボロと壊れていく。だからこそ、私は哲学においてもまた概念といった体臭のない天使的な繋がりではなく、ハビトゥスという汗臭い繋がりを大事にしたくなる。

## 5. 人生の〈しっぽ〉

犬の〈しっぽ〉、猫の〈しっぽ〉、キツネの〈しっぽ〉。人間には〈しっぽ〉がないせいか、〈しっぽ〉のある生き物がちょっとうらやましい。大きく、立派で、運動や動作にとって重要な機能を果たしている〈しっぽ〉もあれば、ちょこんと付いているだけで、あまり機能のないような〈しっぽ〉もある。

人生にも〈しっぽ〉があるのだろうか。小賢《こざか》しく、人生を目的に回収することを考える人なら、「人生の〈しっぽ〉」、そんな他愛もない観念連合に、イライラするだけだろう。しかし、ある有名な元オリンピック金メダリストがパチンコにはまって、所在ない一日をやり過ごしている話題を知って、人生にも〈しっぽ〉があるのかもしれないと思った。あってもなくてもかまわないような、「ゆるキャラ」のような趣を見せながら、予想外に存在を拘束するもの、〈しっぽ〉も案外重そうだ。

人生の目的がオリンピックの或《あ》る種目での金メダルだとした場合、金メダルを取った後にその選手は選手をやめて、普通の人として生きるとして、何をして生きていけばいいのだろう。「普通の人間」として働き、社会人として「普通」に生きていけばよいのだ。ときどき、「～さんですよね、知ってます」と言われながら、過去の栄光を過去のものとして生きていけばよい。しかし、或る程度の経済的余裕があって、そこから金と名誉のおこぼれを盗み取ろうとする人間がたくさん身の回りに集まる頃から、人生は変になる。

人に迷惑をかけないように、個人的な熱狂の中に入り込めればよいのだが、過去のあれだけの熱狂と興奮と高揚は得られない、と思いこんでしまった人は、薬物に手を出さない限り再現できないのだろう。演劇部に入って、舞台上で役者が浴びる視線と注目、熱狂と興奮と快楽、終幕の後にくる消尽と疲労と満足と倦怠《けんたい》と充実感を経験した者は、何度でもそれを味わうために、人生を演劇に賭《か》けてしまう。演劇に賭けた見返り、それは哲学に賭けた人生の見返りと同じように、あまりにも少ない。

報われることを、しかも功利主義的にコストとリターンの合理的関係や効率性を求めるのであれば、エコノミック・マシーンに改造してもらうのが一番よい。

人生の〈しっぽ〉を生き延びるためには、依存症であろうと何であろうと生きるスタイルを見つける必要がある。一番重要なのは「時間を殺す（kill time）」ことだ。

時間の殺し方を考えてみると、確かに依存症は時間を持てあましているのではない。いくら時間とお金と労力をつぎ込んでも、そして大金を獲得できても、欲望が充足することがない装置が出来上がっている。すべての存在を、回収し吸収し無に転化する装置、心の欲望と快楽と表象を一つのものへと暴力的に統合し、一つの目的以外のものからすべてのリアリティを剝奪すること、そこに依存症の核心があるような気がする。

ギャンブル依存、性依存、アルコール依存、タバコ依存、薬物依存、恋愛依存、共依存、権力依存、名誉依存、すべての依存は心を盲目にし、人間を存在の「消費」を継続する装置に変えてしまう。

目的を達成した後にも人生は続く。どこまでも長く伸びる飴《あめ》をなめ続けなければならないように、人生は毎日毎日、目の前に突き出され、なめ続けろと強制される。金メダルを取った後に目標は失われても、人生は残り続ける。するべきことがなくなっても人生は続く。定年になって会社から離れ、養ってきた家族も独立して、するべきことがなくなっても、神なき老人は死ぬまで生き続けなければならない。

なぜ人は目的を求めるのか。よい結果を出して褒めてもらう、という応報思想的行動様式が身についているからだ。

目的は目的そのものとして求められるのではなく、他者からの評価という「オマケ」を求めて、目的が追求される。目的そのものが追求されていれば、他者に気付かれなくても、何ら心の渇きは起きない。身の回りの小さな山の頂上を目指して坂道を上るのは、見る自分と見つめられる自分という、二人の自分による行動なのだ。

行為の成果はその行為の中に顕現するという修行的行動様式を身につけたものは、行為の中で目的に包まれながら休らうことができる。熱狂しながらも休らうことができること、それを「花」と呼ぼうと、アリストテレスのように「エネルゲイア」と呼ぼうとどちらでもよい。

目的を達成し、そのまま死んでいく英雄は、生きる営みにおいて容易な筋道を与えられた人だ。人生はドラマではない。ドラマのように生きることを目指す者は、他者からの眼《まな》差《ざ》しなしには歩むべき方向を探せないから、それもまた、他者の視線による操り人形に自分を作り上げてしまう。

血に呪われたテロリストにして作家のロープシンは、次のように記す。

わたしにはわかっている。わたしはこれ以上生きていたくないのだ。わたしには自分の言葉も、考えも、願望もたいくつなのだ。わたしには人びとも、彼らの生活もたいくつだ。彼らとわたしのあいだには障壁がある。越えがたい障壁が。わたしの障壁——それは血まみれの剣だ。（ロープシン『蒼ざめた馬』川崎浹訳、岩波現代文庫、二〇

〇六年)

世界は呪うべきものであり、荒涼たる砂漠であり、すべては空《くう》の空《くう》だ。希望を持ってテロ活動を行った者は空虚な人形である自分を見つけ、手許《てもと》にある拳銃《けんじゅう》によって最期の時間を迎えようとする。

定年退職の後、世界でたいへん長い平均寿命に恵まれながらも、人生の〈しっぽ〉を持てあましているのが実情だとすれば、ちょっと悲しい。「神なき老人のための倫理学」も必要なのだと思う。いやもちろん、神を持っていても、長すぎる老後は苦痛なのだ。

我々は夜空の暗闇と、心の奥底の暗闇を比較することで多くの事柄を学ぶことができる。本に書いていないような多くのことを学ぶことができる。しかし人々は日々の生活に疲れてしまい、非存在や無や暗闇を眺め、熟考することを忘れてしまった。そこに、倫理を忘却したまま生きる事態があると言えるのではないか。

# 第八章　倫理学の海

## 1．偶有性の海の中で

日常の出来事には、何か目的を実現するのに役立つといったこととは関係のない出来事が多い。そういう事態を「偶有性」と呼ぶ。「本質的ではない偶然的な性質」のことだが、こう説明してもそれほど分かりやすくなったわけではない。正確に説明することはしたくない。先に進む。

「偶有性」は、「実体」や「本質」を関連させると少しは分かりやすくなる。哲学で用いられる「実体」概念は、「本当に存在するもの、それ自体で存在するもの」である。やはり曖昧《あいまい》な定義だが、操作概念として捉《とら》えておこう。操作概念は物事を分かりやすくする道具だ。

その実体を構成する不可欠の契機が「本質」である。本質ではないもの、したがってあってもなくてもよいものが「偶有性」である。不可欠ではないというのは、成立していてもいなくてもよいことであり、偶々《たまたま》ある時にはそれが成立していることだ。例えば、案山《かか》子《し》の頭に赤とんぼが留まっていることとかがそうだ。顔のついていない案山子などきっとなさそうだ。

偶有性を厳密に考えると、その実体が属する種について、（1）常に成立しているわけではない、（2）その種のすべての個体に成立しているわけではない、（3）その種以外にも見出《みいだ》される、という三条件のどれか一つを充《み》たしているものが偶有性である。厳密に考えると難しくなるので、不可欠ではないものと考えておこう。不可欠のことが「本質」であり、不可欠ではないことが「偶有性」である。

目的との関連でも、目的を実現するのに不可欠のものは本質的だが、必ずしも必要でないものは偶有的である。目的との関連では偶有性は本来的な使い方ではないが、ここでは広く用いよう。

羽がついていないトンボは存在しない。トンボの本質に羽を含める。哲学は、そういった本質探求の方に心を向けてきた。現象学における中心概念である「本質直観」にしてもそうだ。物事がそもそも何であるかを探求するのは、本質を探求することと考えられてきたのである。

「ハクセンシオマネキとは何か」や「トップクォークとは何か」というように定義を求めることは、本質探求と考えられるが、「私とは何か」という問いも、そういった問いに並べると、本質を探究しているように見える。

〈私〉とは個物だから、個物に定義はない。定義があるのは、個物ではなく、それらを取りまとめた「種」という一般的な事物に対してだけだ。「机」をして机たらしめるものが「机の本質」であるとすると、〈私〉をして〈私〉たらしめているものがあるとすれば、それは本質ではないとしても、何かあるはずだ。それが「個体性」を探求することであり、中世の哲学者ドゥンス・スコトゥスは、〈このもの性〉と名付けた。〈私〉をして、〈私〉たらしめる、〈私〉にしかない、そして〈私〉にとって不可欠のものが、〈私〉の〈このもの性〉なのである。

〈私〉とは、童話の「青い鳥」にも示されているように、既に手許《てもと》にありながらも、未《いま》だ獲得されていないもの、不在のものとして当人に現象する。だから、〈私〉を探しに毎日出かけていかなければならない。〈私〉とは常に不在において与えられるのである。自己実現してしまったと安心して、〈私〉を探求しようとしなければ、〈私〉は喪《うしな》われてしまっているのである。探求され続けている限り、〈私〉は存在するから、探求されていない、探求していない〈私〉は死んでしまった〈私〉なのである。

探求されている〈私〉は、現在において存在せず、未来の中に措定されるしかない。〈私〉とは現在において不在であり、未来において存在するものなのである。そして、未来において存在するものは、「目的」と名付けられる。その目的にいたる道筋が、一つであったり、必ず或《あ》る中継地点を通らなければならない場合、それらは本質的である。しかし、入口も様々で、通る道筋もそれぞれの入口で様々である場合、目的にとって本質的な道筋はない。すべては目的にとって偶有的なのである。

目的の実現にとって、どうでもよい、つまり中立的であるものは、偶有性である。八時に駅で電車に乗ることに関して、玄関から外に踏み出す第一歩を左足にするか右足にするかは中立的であり、右足で踏み出したことは偶有性である。

そして、目的が初めから定まったものではなく、過程の中で現象してくるものであった場合にはどうなるのか。すべては偶有性となる。偶有性の海とは、本質の不在を表す事態なのである。そして、我々の日常は、偶有性の海である。

けっして現れることのないゴドーを待ち続けるように、〈私〉を待ち続けるのが、目的を不在において待ち続けることが、人生の生き方なのだろうか。私はそういう仕方で、「人生に目的はない」と言いたいのではない。

哲学とは不在と無意味を堪《こら》える訓練、修行だと思う。楽な道を選ぶんじゃねえとばかりに「本当の自分」「究極の真理」といった安直なエサに釣られないようにするための訓練だと思う。おいしそうなエサは、たいてい釣り上げるためのエサなのだ。

予期、待ち受けることには重要な特質が見出される。自分で何を求めているのか分からない衝動が芽生え、それが徐々に形をなしていくことが見出される。本能的な予感や欲求、あくなき探求、強い憧《あこが》れとして形をなし、宗教的衝動といったものに自然に移行しうるとも古来様々な報告がされてきた。そしてこの衝動が落ち着くのは、その衝動の正体があきらかとなって、その目指す目的を見出したときである。そういった心の動きは、キリスト教の中では、「先行的恩恵」と呼ばれてきた。

中世の神秘主義的神学者ゾイゼは、この恩恵について、つぎのようにみごとな叙述をしている。

わたしの心は幼いころからなにかを渇望し求めてきましたが、それがなにであるかは、いまでも完全にはわかっておりません。主よ、わたしはもう何年もの間熱心にそれを追い求めてきましたが、なかなか満足をえることはできませんでした。それがなになのかよく知らないからです。にもかかわらず、それはわたしの心と魂を惹きつけるものであり、それなしでわたしは決して真の安らぎをえることはありません。主よ、わたしは幼いときに、それを被造物のなかに探し求めようとしました。ほかの人たちがそうしているのを知っていたからです。しかし、そうやって探せば探すだけ、なにも見出すものがありませんでした。近づこうとすればするほど、ますますそれから離れてしまいました。……いま、わたしの心はそれを求めて荒れ狂っています。それが欲しくてたまらないのです。ああ、わたしのなかでまったく隠れたまま戯れているもの、それはなにでしょうか、どんな性質のものでしょうか。（ゾイゼ『自伝』第二巻第一章、オットー『聖なるもの』岩波書店、二〇一〇年）

こういう心の動き方を、新海誠《しんかいまこと》の映画『君の名は。』の「ずっと何かを、誰かを探している ような気がする」「私たちは何かを探して生きている」といったセリフと重ねて考えることもできる。

人生には目的がないということは、人生の姿にとって大事な論点だと思う。若い頃、人生は何のためにあるのかと人生論の本を読んでも、たいしたことが分かったわけではない。こちらから見つけるというよりも、人生の意味の方に見つけてもらうという感じ方の方が大事なような気がする。

## 2. 遥かな旅

人生に目的はない。いや、目的は、未来にあるものだから、すべてのものはあるかないかのいずれかである、肯定か否定かのいずれかである、という排中律は成り立たない。いや、成り立たないと断言すると、もちろん大きな誤りだ。時間と関わりのない事柄については、排中律は確かに成り立つ。しかし、時間との関わりを強く有する未来の事柄、価値に関わる事柄については、排中律は成り立ちそうにもない。

価値を客観的な事態として捉えたい人、つまり実在論（リアリズム）の人は、価値が客観的に定まっていると考える。しかし、その価値が人間の欲求や感情と相関するものであると考える立場においては、価値は様々なものに依存する相対的なものとなる。価値が相対的なものとなることを相対主義と捉えて、相対主義はニヒリズムに陥るので、不確かで確実なものなどない時代に陥ると警鐘が鳴らされた時もある。

価値は相対的であって、何ら差し支《つか》えない。だからといって、何も確実に語ることはできず、戦いによって決着をつけるしかない、絶望的な時代がやってくるわけではない。

目的がないとは、予《あらかじ》めないということであって、最初から最後まで、現実化しないということではない。目的は最後に現れるのである。生物の発生に関して、後成（epigenesis）という概念があった。一つの受精卵が、分割を繰り返して、様々な器官を形成していく場合に分化が生じる。そして、その分化もまた、DNAの自己発生的な展開ということにとどまらず、外的な環境に反応しながら、DNAに組み込まれた形質が抑制されたり発現したりすることによって、最終的な目的に到達するのである。どの目的に到達するのかは、予め分かっているわけではない。そういった遺伝子の発現や抑制に関わる学問分野として、エピジェネティクスというものがあるそうだ。

エピジェネティクスは、目的が後で（epi）生成（genesis）することに取り組む面白い学問だと思う。人生にもこれは当てはまるのか。

人々は何故あんなにスポーツに夢中になるのだろう。名誉や人に勝つことにどうしてあれほど夢中になるのか。

目的は見失われてあること、あるはずなのにないものとして現れていることが本来的なあり方なのである。分からないものを求めることは難しい。

眼の前に大きな箱が出され、「この箱の中には或る食べ物が入っています。何だか教えません。それでは、あなたはそれを食べたいと思いなさい」と言われて、旺盛《おうせい》な食欲を持つことができるのか。「がんばって生きよう」という掛け声には、同じような響きがある。欲望を駆り立てる流れは「好き好き大嫌い」という道筋を通りやすい。あれほど好きだった気持ちが途中で大嫌いに転じてしまう。

幸せも同じようなところがある。「幸せですか」という問いは、自分に対してであれ、ほかの人に対してであれ、それほど頻繁になされるとは思えないが、珍しいものではないだろう。しかし、幸せでないことから、幸せに変わっていくことは、ツベルクリン反応が陰性から陽性に変わるように、否定から肯定に転じることではない。「幸せですか」という問いの答えが、「はい」か「いいえ」か二つに一つだと考えるのは、論理学を日常生活に適用することが合理性の涵養《かんよう》向上に資すると考える、論理屋さんだろう。

正しい答えは「幸せだけれど、幸せでない」ということしかないと私は思う。すべての面で満ち足りていて、不満がなくて、ありとあらゆる点で幸せだというのであれば、生きていても仕方がない。それ以上よくなることはないから、それからどんどん不幸になっていくから、結局生きている必要はないかもしれない。

「幸せ」とは、目指されるべき理想的状態というよりも、今進んでいる道筋、その進み方について、このままでよいのか、問題点はあるのか、その問題点をどうすべきなのかといった、現状の評価と今後の方向性を示す目印なのだ。倫理学において、「徳」という概念が持ち出されるが、これまた理想的到達能力ではなく、現状を評価調整するための指標なのだ。

基本的に人生において重要な倫理的羅針盤は、予め感じとるのでなければ、使い物にならない。それは目的として、認識作用の対象として明示的に登場するようなものを認識することではない。何だか分からないものを求めるように駆り立てられ、与えられているのは、求める対象の性質ではなく、獲得されたならば見出されるような、充足した感覚なのだ。そして、その充足した感覚は、本来求められている対象以外からも得られるものだ。最終的な大きな獲物の前に、いくつも小さな獲物が多数存在して、それぞれに大きな満足と喜びを得られるようになっている。しかし、振り返るとそのいずれも本当に求めていたものではないことに気づく。そういった、名前も正体も分からないものを求め続けるように心の中に組み込まれた贈り物としてのシステムが、「先行的恩寵《おんちょう》」として設定されてきた。

そこでは、心は求める対象に引っ張られているのではなく、心の後ろの奈落《ならく》から湧き出てくる力が、噴出する風の力によるように押し出しているのだ。そして、それを心は自分が求めていると誤認するのだ。

なぜ目的が不在でありながら、待ち続けるように我々は仕込まれてしまったのだろう。それは、時間を泳ぐための方法ではなかったのか。退屈な時間を凌《しの》ぐのは簡単ではない。だからこそ、人々はマンガ、音楽、ゲーム、新聞などなど、どんな時間でも何かをなすことによって埋めようとするのだ。それが目的を実現するものとしてあれば、退屈は未来における充実を目指した通路として意味が与えられ、そしてそれを耐えること、喜びと期待を持って耐えることができる。

世界の中に空虚な領域があることを嫌悪するのだ。「真空恐怖」がここにもある。何もないこと、何もしないことも豊かさの器なのである。

## 3. スピノザ式

スピノザは、「蒼《あお》ざめた倫理学」の祖だ。目的なき人生という偶有性の海を一人で泳いでいこうとする。一つの目的地や一つの理念に回収しようとする、「こぢんまり」した哲学が嫌いなのだ。

私自身は、スピノザの思想は哲学的修験道だと思う。修験道では安全な道やなだらかな道があっても、危険な場所や急峻《きゅうしゅん》な坂を登攀《とうはん》する。山登りを修行と捉えるからである。人生もまた、修行のはずである。スピノザが、『エチカ』を「神について」から、しかも自己原因という分かりにくい概念から大した説明もなしに始めたのは、最初の急坂を付いてこられるか試しているのだと思う。ここで挫《くじ》けるのであれば上らない方がよい。

ともかくもスピノザは目的論を憎む。確かに、何らかの目的を仰々しく設定して、その普遍性や重要性を理論的に仰々しく説明し、人々を納得させ、それを目指せという倫理学は、分かりやすいが、勝ち組のための倫理学である。御説ごもっともではあるが、一部の人間にしか使いこなせない倫理学である。もちろん、スコラ哲学もそうだったし、ギリシアの哲学もそうだった。哲学とは一部のエリートのためのものだったのだ。

近代になって庶民も学ぼうとし始めたが、様々な語学やら哲学史の知識やら、膨大な投資やらが必要である。膨大な知識量は若者が関門を通り抜けるためには必要だが、死が近づいてきた年寄りには、命を削る冷や水である。

ともかくも、勝ち組倫理学、つまり、一部の恵まれた人々を賞賛するための倫理学は、オリンピックでメダルを取る人々のためにスポーツがあると考えるがごとき、倒錯を含んでいると私は感じるのだ。勝ち組は常に少数者であるし、弱い小さい者たちの方が圧倒的に多数なのだ。世界はいつも強い勝ち組の人たちのために作られてきた。これからもそれは続くとしても、それでよいと思える人が多いわけではない。

競技会やオリンピックや世界選手権、人々は血の沸騰のなかで興奮する。祭りやフェスティバルでもそうだ。そういう血の興奮がないと、人生は退屈極まりない、こんなに退屈ならギャンブルでもしないと「心が燃えない」という人々も多い。

血が燃える倫理学ではなく、「蒼ざめた倫理学」ではなぜいけないのか。


スピノザによれば、善と悪は相対的なものにすぎない。自然の中に善と悪は存在しない。善と悪は「理性の有」(ens rationis) である。「理性の有」とは、誤訳であるものの、流通しているから用いる。説明のために便宜的に持ち出される操作的な概念のことである。人間知性が考案したもので、「異なる事物の間の関係を表す概念」である。

事物はそれだけで見れば善とも悪とも言われない。ただ他の事物に関連してのみそう言われる。即ち乙の事物がその愛するものを獲得するのに、甲の事物は乙の事物にとって善或《ある》いは悪と言われるのである。

スピノザは、善と悪がこの世にないことを何度も何度も繰り返して述べる。善及び悪とは我々の知性のうちにあって、自然の中にはない。善及び悪は、関係にすぎず、したがって「理性の有」でしかない、と。善と悪を排除することに関して、スピノザはまったくの偏執狂である。もちろん、賛美すべき偏執狂だ。一生偏執し続けるべきテーマを持ち得ない哲学者は寂しく、虚《むな》しく、悲しい。

救霊（salūs）は人間にとって善であり、最も心を悩ませることのはずだが、救霊に全然関係のない動物や植物にとっては善でも悪でもない。神は最高の善と言われる。スピノザは、これを認める。神は万物に役立つから、即ち神は諸被造物への協力によって各物の存在（esse）を維持してくれるからである。

これに反して絶対的な悪というものはけっして存在しないという。スピノザは、善や真をこの世から排除しようとしているように見えるが、実は排除しようとしているものは、絶対的な悪、悪魔、不完全性の方なのだ。感動も喜びもない砂漠を招来しようとしているのではない。

したがって、我々が何かが善いと言う場合、その意味するところは、ただ我々がその事物について持つ一般的観念と適合しているということでしかない。しかし既に述べたように、事物は、その本質が完全な本質である、個別的観念と合致するものでなければならない。一般的観念と合致するものではない。そのような場合、一般的観念は存在しないのだから。

一般的観念嫌いという点では、バークリと肩を並べる。なぜそこまで憎み、嫌うのかというほど嫌う。逆に、個物と個物の観念には、徹底的に異様なほどの執着を見せる。この辺が「スピノザ式」なのだ。

個物の観念を持てば持つほど、神の無限の知性の一部になるというのはどういうことか。観念の無限なる海としての神的知性に近づく道筋が個物なのだ。個物は甘露の一滴。『エチカ』の第五部になってスピノザは、本心の片鱗《へんりん》を少しだけ教えてくれる。「我々は個物をより多く認識するに従ってそれだけ多く神を認識する」（定理二四）と語る。

真に存在するのは、個物なのだ。神が個物だというのではない。個物は神という全体からすれば、偶有性でしかないように見える。存在全体は偶有性の海である。流れ込む川の流れを受け入れない海はよい海ではない。そして、悪い海があるわけではない。完全な海と不完全な海、完全な人間と不完全な人間がいるのではない。

神は、何ら目的のために存在するのではなく、また何ら目的のために働くものでもない。

すなわち、その存在と同様に、その活動もまた何の原理ないし目的も有しないのである。だから、目的原因と呼ばれている原因は、人間の衝動が何らかの物の原理ないし第一原因と見られる限りにおいて人間の衝動そのものにほかならない。

例えば「居住する」ということがこれこれの家屋の目的原因であったと我々が言うなら、たしかにそれは、人間が屋内生活の快適さを表象した結果、家屋を建築しようとする衝動を有した、という意味にほかならない。そしてこの衝動は実際に起成原因なのである。この原因が同時にまた第一原因と見られるのは、人間というものが一般に自己の衝動の原因を知らないからである。

スピノザの目的論批判とは何だったのか。倫理学は自分を見つけるための視点を得ることによって自分を作ることだ。どこかに旅に出て行って、出来上がった自分を見つけるような仕方で自分を見つけることはできない。目的は存在しない。目的は作るものだから。

## 4．様々な坂道

人生にはいろんな坂道がある。青春の坂道、受験勉強の坂道、就職活動の坂道、定年後の坂道、死の前の坂道。

坂道を上りながら、なぜこんなつらい思いをしなければならないのかと思う。ちょっとした裏山の坂道も思ったよりもつらい。緩やかな坂に見えていたのに、自分の身の重さが自分を苦しめる。後ろを振り返るとますますつらくなるから、ため息を二、三回ついては、また上り始める。

目的には坂道を引っ張り上げる力はない。坂道は坂道のままであって、下り坂に変化させる力はない。坂道は事実として坂道であって、坂道であるという事実を何度論証しても、厳密性を与えても、人びとに広報しても、坂道はそのままでは何ら上りやすくはならない。にもかかわらず、大事なのは、坂道を下り坂に変じることのできる契機なのだ。

過去から流れる時間が、現在という時点で、姿を変えて、未来への流れに転じるとき、物理学は現在という時点における、時間のいわば「実体変化」を認めず、均質に時間が流れていくことを前提とする。しかし、人間的事象においては、人間が意識を持ち、言語を有し、ハビトゥスという装置を有し、意志を持ち、他者との共同体と遥《はる》かな存在者との関わりをも持つ可能性を与えられた以上、均質な時間だけで我慢する必要はない。

現在という時間の蝶番《ちようつがい》を使用できるかどうかで、存在という坂道がつらい上り坂のまま終わるのか、下り坂に変化させることができるのか、が決まりそうだ。

自己の存在を維持することであれ、他者の存在を産み出すことであれ、それは坂道を上ることだ。その過程が、魂の傾向力に従うものとなり、重力に従って下っていくかのように自《おの》ずと引き寄せられるものとなるためには、坂道の上りを下りにするほどの仕掛けが必要となってくる。

上り坂を苦労して上り、下り坂を楽に下ることは、当たり前のことだ。そういった自然の流れに従い、流されるだけでは「人間的事象」は成立しない。人間の意識は、上り坂を、あたかも下り坂であるかのように、嬉々《きき》として、楽々と上っていけるための心的装置を備える必要がある。

心は容易に欺《だま》される。欺されるがゆえに人は生きていける。上り坂は上り坂であって、上り坂以外の何ものでもない、と語る者は言葉を途中で語り止めてしまっている。

性的官能性の表現は、上り坂を下り坂のように現象させるための詭計《きけい》、欺し絵であり、存在ということが人間への贈り物となっている。時としてその変容が急激すぎて、下り坂を急斜面に変え、致命的な勾配《こうばい》に変えてしまうことも起きてしまう。

目の前の平原に峻厳たる高山を見、登攀不可能な絶壁を下りやすい坂道と見るのは、単なる認識における誤謬《ごびゅう》なのではない。

近世初頭のスペインの思想家十字架のヨハネは、精神の神への行程を、登山（カルメル山登攀）に準《なぞら》えた。イスラエル、ハイファ地区にあるカルメル山、十字架のヨハネが実際に登ったわけではない。精神の内なる「カルメル山」に登った記録だ。

目的を上り坂の先にある頂上と捉えれば、そして目的がいくつもあって、様々な目的を順番に達成していくことで、目的から構成される一連の登山道のように物語ができていればよい。しかし、人生は往々にして、うまく物語がつながっているわけではない。力が尽き、時間も尽きて、道半ばにして倒れ、そこに墓標を立てる人生観もある。最高善とでも呼ばれるような究極目的との近さによって、人生の達成指数を点数化しようというのであれば、人生を受験勉強のように考えたい人は喜ぶだろう。

人生が偶有性の集合であるということは、上り道の途中で見つけた一輪のスミレに心を奪われ、そこに留《とど》まり、庵《いおり》を構えることも一つの生き方なのである。他者から評価されることを求めれば、大きな目的への近さによって、人生は評定評価される。しかし、人生は評価されるためにあるのではない。それが「尊厳」ということの意味である。比較不可能であり、評価不可能なのだ。

いかなる目的もないという必要はない。しかし、すべてを目的連鎖の中に還元し、そのように価値を評価しようとするのは、存在を呪うことにはならないのか。

下り坂の到達地点に目的がなくても、人びとは、我が家に帰るように、嬉々として下り坂を下る。それはもはや没落でも上昇でもないと私は思う。

何だか分からないが求めることが先行し、それに形が与えられ、秩序を持つようになっていく。欲望は原初形態において対象を持たない。フロイトが多形倒錯と呼んだことはその実情を表す。だからこそ、性欲に「正しい」対象はない。だからこそ、規制され、自然本性を後から与えられる、植え付けられることが必要なのだ。もちろん、その欲望は初めからあったかのごとく、自然本性にあったと（たとえなかったとしても）錯認させてこそ、自然本性は自分の姿を実現できる。

目的はいつも後から構成され、最後に完成する。未来と過去とは、眼差《まなざ》しを交わし合う双子のような存在なのである。

坂道は上り坂として与えられ、いつのまにか気付かないうちに下り坂として認識し、そうできる能力が備わっていることが、坂道の変容過程なのだ。

目標の不在（非存在）を通して、存在に達する。目的の不在とは目的が現象するための重要な顕現の仕方なのだ。すべてを受け入れられるための容器は特性を持っていてはならない。

不在の相にあるもの、物理的には何ら作用を及ぼしていないものに、渇望・憧憬《しょうけい》・渇愛を感じるのは、そして血の沸騰を起こすのは、不在の相にあるもの、未来に座すがゆえに不在としてしか現象し得ないものに、現在において関わり、不在の目的をハビトゥスの中で守り続けることの作法としてある。

## 5. 存在の海

アリストテレスは目的論を語る。目的は「愛される者の如く」自ら動くことなく、ほかの様々なものを動かす。多くの人に愛される者は、自分では動くことなく、ほかの人々の心を動かし、自分の周りに多くの運動を引き起こす。自分では動くことなく、動きを引き起こすことで、運動の原因になっている。何もしないのに最も駆動力を持っているものという枠組みが出され、その範型が「愛される者」にある。

目的とは、その「愛される者」の姿を写し取っている。目的とは未来にあって、定かには見えないものなのに、自らを求めるべく人々を動かし、国と国の戦いや、世界を巻き込むような戦争に人類を巻き込む。目的は千々に心を迷わせる。善は未来にあるばかりでなく、過去や現在にもあるけれど、人々を動かすのは未来の善であり、それが「目的」というあり方なのだ。人間の行動を語るのに、目的は不可欠であるし、人類は目的を目指して歴史を作ってきたとも言える。

ところが、スピノザは、目的論を敢然と否定し、そして卒然と善悪とは理性の有にすぎないと語る。そして、そこに『エチカ（倫理学）』という著作を据え置く。「反倫理学（アンチ・エチカ）」の典型のはずなのに、「倫理学」を冠し、平然としている。

その破壊は否定のための破壊なのか。人間を絶望に陥れるための、復讐《ふくしゅう》としての目的なき人生ということなのか。生きる気力を奪うために、目的論の否定がなされたのか。スピノザは生きることを呪いと感じていたのか。スピノザよ、語れ！


人生に目的はない、私はいつもそういうことを書いてきた。私自身がそう思っているから、そう書いているのだが、生きることの空虚さを語りたいためではない。全く逆である。人生は意味だらけだと考えることが、足元をつまずきの石だらけにするからだ。

人生における諸々《もろもろ》の「目的」という旗指物は、挫折《ざせつ》するたびに消えていき、時には一度の失敗で台風の後の水田のように、全部倒れてしまう場合もある。

人間のなすことを目的に関係づけて語り考えてしまう「人間くささ」を感じないで語ること、「効率的全自動人生製造工場」という発想への違和感があるからだ。ロボットに人生を管理する業務を一括委託したい人が増えることを私は悲しむ。

否定的破壊的に語りたいのではない。人はなぜ生きるのか。その答えはない。その答えのなさは何もないことではなく、その答えのなさが或る意味を守っている。だから、答えのなさが人生の意味を守るというのはふざけた語り方なのではない。

スピノザは、孤独な思索の中で目的論を破壊し、善悪の虚妄さを指摘する。そんなことを言ったら友達がいなくなるよ、と声をかけたくなるような思想なのだが、そういうことを外連《けれん》味なく語る。そこには、見極めた者の潔さがある。しかし、真理を見た者が皆真理を語りたがるわけではない以上、スピノザは何かが心の中にあってそれゆえに語り始めているはずだ。目的のなさを語る口吻《こうふん》は、何を見たことによる口吻なのだろう。

早朝の湘南《しょうなん》の海辺に佇《たたず》んで、波を見ていた。目覚めたばかりのような小波《さざなみ》が輝いていた。太陽の光の下で、海を見続けていると、波の中に様々な映像が現れてくる。波の中から生まれ出る光の子たち。無数に次から次へと生まれ消えていく。瞬間の中に現れ、瞬間の意味を伝えて、その輝きは残像の贈り物だけを残して消えていく。

何なのだろう。花火の壮麗さをも見下すように際限なく現れ、そして瞬間の輝きの後、消え去ってゆく。これはどこかで見た光景だ。初めて見た光景だがどこかで見たことがある。

カバラ〔中世ユダヤ教の神秘説〕が物語るところによれば、神は毎瞬無数の新しい天使を創造しており、これらの天使たちのおのおのは、もっぱら、神の玉座のまえで一瞬神の讃歌をうたっては無のなかへ溶け去っていく定めにあるのだという。（ヴァルター・ベンヤミン「アゲシラウス・サンタンデル」『ベンヤミン・コレクション3』浅井健二郎編訳、久保哲司訳、ちくま学芸文庫、一九九七年）

そうか、これはベンヤミンの海だ。現れては消えていくもの、はかなげに見える存在者は、リアルでもアクチュアルでもないと見なされている。リアルなものとは、大地のように永遠不動なもの、アクチュアルなものとは、巨大な乗り物や、空や陸や海を人々や物品を擁しながら滑走しているものと考えられている。

一瞬のうちに現れ、束《つか》の間の働きののち、たちどころに無に帰してしまう存在者たちを、ベンヤミンは「新しい天使たち」として表象する。ベンヤミンはそういったあり方こそ、はかないアクチュアリティこそ、真実のあり方と述べる。無数に朝の光の中で明滅する光の子らのように。

いや、ベンヤミンにのみ回収されてしまう海ではない。存在とは海なのだ。存在とは実体の無限なる海なのだと古来語られてきた。太陽は無数の〈光の子〉たちを受け入れ、海はそこに含まれる一粒一粒の滴を受け入れているのだ。そういうビジョンが成立するのであれば、それを存在にまで拡大してもよい。

ドゥンス・スコトゥスは、「存在の海」を語った。目の前の光景は、「ドゥンス・スコトゥスの海」であってもよいはずだ。ドゥンス・スコトゥスは、「いかなる被造物も形相的に神に受容されるべきではない」と語る。「形相的に」(formaliter) というスコラ哲学を悩ませ続けた概念を簡単に言ってしまえば、「実体に備わる属性・規定を踏まえて」ということだ。人間であれば、身長や運動能力や暗記力や顔立ちやそういったすべてのことだ。

神が人を受容する根拠はそういったものではないとスコトゥスは言う。善い行為・成果ゆえに、戒律を守ったがゆえに受容されるのではないと考える。

形相的に受容するのではなく、「人」そのものを、そこに備わる性質や行った結果によってではなく、受容し、受け入れると考える。その人の「すべて」と言い換えてもよい。

それらは人によって異なる。たぶんそういう個別的なあり方を〈このもの性〉と言い習わしたのだろう。自分自身の中にある「芯《しん》」のようなもの、視線の発出点のようなものかもしれない。それはけっして自分では見えないもの、隣人にもまた見えないものだ。

三〇代後半、死に先立つパリ時代において、既に体調不良を自覚していたのか、スコトゥスは〈このもの性〉を語り、神による受容を語った。ケルンの神学校に派遣され、同地で四三歳の短い人生を閉じた。

形相性の中に目的はない、これを言い換えれば自分自身のうちに功績も正義も目的もないということだ。しかし、それは目的の欠如を語っているのではない。この辺が一番わかりにくいところだ。

すべてが受容されるのであれば、目的の中に回収されるものだけが、存在者なのではない。「特に好きなものはありません」、そういう答えが、何一つ好きなものがない者《い》にも、すべてのものを好きな者にも共通の答えになってしまうように。しかし、生まれ出でた者が救済される条件は、生きて何か善いことをすることではなく、生まれ出でたことではないのか。これは人間的言説のなかで流通させるべきことではない。倫理学を自己溶解させてしまうから。だが、生まれ出でる奇蹟《きせき》が呪われるべくあるということは存在の自己破壊である。存在は祝福されていなければ存在とは言えない。

存在が海であること、それは存在が〈器〉でもあるということだ。漬け物だけを容《い》れる器、お造りだけを容れる器、それはそれでよい。すべてのもの、小さなものも、途方もなく大きなものも容れられる器、そういう器に目的はない。

器の受容性とは、そこに入るものを守り育てるための受容性である。何でも入る器、そんなものは作るのが難しい。

目的が後から現れる、後から見えてくることを、芸術学者のコリングウッドは、後ろ向きになって、背中の方から後ずさりするように未来に向かうことに喩《たと》えた。未来は見えない。過去を踏まえて、見えない未来に向かうしかない。過去の栄光を反復していれば安全だが、前進はない。過去の自分の足跡に、自分が何を目指しているのか、見えてくる。だからこそ、最初に存在していたものが最後に現れるという逆説がごく当たり前に成立する。人生の目的を目指して生きようとするのは、宝くじ売り場で「一億円の当たる宝くじを一枚ください」と言うようなものだ。

目的のなさとは、時間を意識し、時間を制御し、それを言葉で伝えられるようにし、その表現が残る道筋を見出した者のための、道案内なのである。不確かな道案内として憤る者もいるだろう。

人間がこの世の法則から逃れうるのは、閃光のひらめく一瞬にすぎない。停止の瞬間、観照の瞬間、純粋直観の瞬間、心的な真空の瞬間、精神的な真空を受容する瞬間など。これらの瞬間を介して人間は超自然へと開かれうる。（シモーヌ・ヴェイユ『重力と恩寵』冨原眞弓訳、岩波文庫、二〇一七年）

いかなる出来事も結果によって、結果を表象することで均衡を取り戻すことができる。結果は、原因に対して均衡や対称性や報いをもたらしはしない。報い、報酬、意味、目的もなく、そこには虚無がある。それをシモーヌは「真空」と呼ぶ。この真空を、シモーヌは、近世初頭のスペインの思想家十字架のヨハネの「暗夜」と結びつける。

暗夜、それは魂の暗闇であり、何も見えず、虚無、奈落である。「この真空はわれわれにとって、いかなる充溢せる善よりも充溢している」（前掲書）。

暗夜、真空、虚無という表象の系列と、一瞬の中で消え去っていく光たち。宗教者が古来、人々の代わりに祈る者であったのは、彼らが世間の人々の目的連関の筋道から逸脱して生活する人々だったことと関係があるような気がする。彼らは、「異形の者」として祈る。異形の者は通常の幸福の探求から遠いところに位置している。
手段・目的という連環から離れ、「真空」と「暗夜」の中で祈る者がシモーヌの姿だと思う。

いいことをして褒められたい、子供じみているけれども、圧倒的に多くの人が、全世界的に感染が広まった不治の病の如く、そういった図式に染まりながら生きている。親から愛されて育てられたときの記憶を忘れられなくて、その過去の記憶に戻ろうとする。
死に向かうとき、そういった親に褒められた過去のビジョンに戻っていくというのは、死とは母の胎内に戻っていくことだという過去からの根源的ビジョンを遺伝として受け継いでいるためなのだろうか。

シモーヌは、その図式を破壊し、「真空」という概念を対峙《たいじ》させる。その破壊力は、希望や創造にも結び付く。しかし、シモーヌは、自己破壊に向かう。シモーヌは、苦痛に喘ぐ十字架上のイエスに倣《なら》いながら、その栄光の姿に近づこうとして、慢性的な栄養失調と過労からくる衰弱の中で執筆に没頭し、痛みと苦しみを求めるかのように、激しい険しい道を突き進み、三四歳という短い人生を閉じた。その苛烈《かれつ》さが心に痛い。

私はシモーヌの激しい思いに胸を痛める。私は彼女の思いに心を遣《や》りながらも、「存在とは海」と祈りたくなる。海から現れ海に戻っていくことが一瞬の光のごときものであるとしても、「瑕《きず》」（ダイヤモンドの瑕）のごときものではなく、〈このもの性〉を宿していると私は思う。

# おわりに

本を書くとき、何かが降りてこないと書き始めることはできない。編集者の一言だったり、子供の一動作だったり、本の一節だったり、悲劇的な事件だったり、いろいろな形をとるけれども、降りてきたものが結晶にならないと、本を書き始めることはできない。

子供の頃、社会の役に立つ人間にはなるまいと思っていた。家が貧しかったからだ。学校の先生達は、金と名誉の道を駆け上がるために私がガリ勉しているのだろうと思っていたようだ。無邪気に知りたいから勉強していた。何かに反抗していた。社会全体の富を増やすことが多くの民の幸福につながることは分かっていても、その美名のもとで私腹を肥やすことが醜く思えていた。醜いのは、他者の富に嫉妬《しっと》する心の方だと気付いたのは後のことだ。

清貧に憧《あこが》れて、フランチェスコに傾倒した。

学習塾とも進学情報とも無縁で、学校でも授業などには耳を傾けず、ひとりぼっちで我流で哲学への妄想を大きくしていった。違う時代と場所に生まれていたら過激に生きていたかもしれない。自分の心を眠らせるためには、目的を殺すしかなかった。犯罪者にならないで済んだと一番胸をなで下ろしているのは自分自身である。

人生の目的とは何か。自由の時代と言われるが、貧しい山人には選べる範囲はとても狭い。人生の課題は、山奥から都会に出て行って、人様に迷惑をかけないように自活して生きるということだった。自己実現や自分の夢やセルフアイデンティティーという言葉を大学時代に習って、そういう概念達に無性に腹がたった。そういうのを求められるのは裕福な家庭に育った場合だけだ。贅沢《ぜいたく》品なのだ。

そういった長い長い人生の反抗期をやり過ごすために、反抗のために選んだ哲学の中でも、さらに反抗して、スコラ哲学を選び、無理を知りながら、イスラム哲学にも心を寄せた。捩《ねじ》りのうえに捩りを繰り返してきた。「もじずり」という優雅な名前を知ったのは後のことだ。これは「ねじ花」という小さな紅紫の花の連なりを細い茎に捩るようにつける、かわいらしいラン科の花の別名だ。愛ゆえにねじ花のように捩れた心ではなく、哲学の茎の上で捩れてはあまり愛嬌《あいきょう》がない。

振り返ってねじ花の道筋を見ると、なすべき課題は常に与えられ続け、何を研究すべきか、あまり迷ったことはない。といっても、何度かスランプ状態には陥ったが。分かったのは、富も名誉も哲学にとっては通り過ぎる風でしかないということだった。それらを求めようとも、シノペのディオゲネスのように、あえてそれらを唾棄《だき》するような態度を採ろうとも、心がそこに執着している。


「目的なき人生」というテーマでどうですかとKADOKAWAの編集者岸山征寛《きしやまゆきひろ》さんから言われたときに、そういうテーマで本が成り立つのかと思った。どこから思いついたのか、と尋ねたかった。しかし、岸山さんの話からすると、私の本のテーマであるらしい。

私は一冊どころか、複数の本で「人生に目的はない」と書いている。迷える若者達と話を重ねながら、目的を見つけられない若者達に、目的を見つけるための指針として「目的はない」と語っていたつもりだ。私自身、目的も見つけられぬまま青春時代を送り、目的然とした目的に出会う道筋はとらずに、目的のようなものに出会った。

哲学者の中には目的論を認めず、憎む者もいる。スピノザだ。スピノザを何度も読み返しながら、分からないと自分で思い込もうとし続けてきた。自分のうちにあるもの、自分の思想と似たものを外側に発見するのがいやだったから、自分で発見したという思いが強かったから、スピノザを分かろうとしなかった、自分で自分に分かってはならないという呪いをかけてしまっていた。

年をとるというのは、青春の呪いを解く時でもある。もはや読むべき本の一〇〇分の一も読めるはずもなく、考えたことを書くしか私に残された途《みち》はなくなってしまった。

ともあれ、「目的のなさ」とは、欠如や空虚ということよりも、むしろ自由な空間ということであり、器の大きさでもある。大きな器に容《い》れられるものを十分には集められなくて、寂しげな器も、待ち受ける期待の大きさと考えることができる。

目的という、近代以前の人や、縄文人には馴染《なじ》みのない概念が、私に根付かなかったのは、不思議なことではないし、一つの贈り物なのだと思う。だからこそ、いくら年をとっても、子供のころに追いかけたオニヤンマの眼に映る青空が忘れられない。

倫理学はこれまで禁止やら規則やらガイドラインやら、上に立って、えらそうにしてきた。私が知りたいのは、「反倫理学」の可能性だ。フーコーは、理性主義こそ、彼の精神の内部を巨怪な幼虫のように巣くい、内部から彼を苛《さいな》むものだと感じたのだろう。外から攻撃する剣には楯《たて》があり得るが、自分の心の内部から攻め込む剣を防御する楯はきっとない。彼の性的嗜好《しこう》を内奥から表へと刺し貫く、内なる暴力性と攻撃性を除去したかったのかもしれない。『性の歴史』が、「自己への配慮」を柱にしていたことは、心惹《ひ》かれることだ。

目的論と、その手下としての合理主義や功利主義。反倫理学が可能となるのは、目的への反逆を始めるときだ。そして、スピノザは早々と先を歩んでいる。スピノザの『エチカ』を「アンチ・エチカ」として読み始めてもよいときだろう。大きな器をもっと拡げて、海のような倫理学、そういうものを考えられたら、スピノザの考えていることに少しは近づけるのかと思う。

本書の一部には、拙稿「『善の研究』という書物」(『善の研究』哲学書房、二〇〇〇年七月、所収)の一部(第四章1、2で使用)と、「言葉と肉体と風」(『早稲田文学』二〇一六年冬号、所収)の一部分を変更の上(第五章1、2で使用)、転載した。お断りしておく。それ以外のところは書き下ろしである。

ＫＡＤＯＫＡＷＡの岸山征寛さんには、企画のご相談から執筆の督促、全体の構想までとてもお世話になった。御礼申し上げる。

二〇一八年一月一〇日

山内《やまうち》　志朗《しろう》

**山内志朗（やまうち・しろう）**
1957年生まれ。山形県出身。慶應義塾大学文学部教授。東京大学大学院博士課程単位取得退学。新潟大学人文学部教授を経て現在に至る。専門は中世哲学だが、現代思想、現代社会論、コミュニケーション論、身体論、修験道、ミイラなどについても幅広く研究・発表している。主な著書に『普遍論争——近代の源流としての』（平凡社ライブラリー）、『天使の記号学』（岩波書店）、『「誤読」の哲学——ドゥルーズ、フーコーから中世哲学へ』（青土社）、『小さな倫理学入門』（慶應義塾大学出版会）、『湯殿山の哲学——修験と花と存在と』（ぷねうま舎）など多数。

# 目的《もくてき》なき人生《じんせい》を生《い》きる

山内志朗《やまうちしろう》

2018 年 2 月 10 日　初版発行
2024 年 9 月 25 日　5 版発行

発行者　山下直久
発　行　株式会社KADOKAWA
〒102-8177　東京都千代田区富士見 2-13-3
電話　0570-002-301（ナビダイヤル）
装 丁 者　緒方修一（ラーフイン・ワークショップ）
ロゴデザイン　good design company
オビデザイン　Zapp!　白金正之
印 刷 所　株式会社KADOKAWA
製 本 所　株式会社KADOKAWA

角川新書
 ISBN978-4-04-082134-4 C0212